即学即用社科论文写作技巧

发表指引

老 踏 著

浙江人民出版社

图书在版编目（CIP）数据

即学即用社科论文写作技巧与发表指引 / 老踏著 . —杭州：浙江人民出版社，2022.4
ISBN 978-7-213-10498-5

Ⅰ . ①即… Ⅱ . ①老… Ⅲ . ①社会科学－论文－写作 Ⅳ . ① C3

中国版本图书馆 CIP 数据核字（2022）第 024073 号

即学即用社科论文写作技巧与发表指引

老踏 著

出版发行：浙江人民出版社（杭州市体育场路347号 邮编 310006）
市场部电话：（0571）85061682 85176516
责任编辑：尚 婧
营销编辑：陈雯怡 赵 娜 陈芊如
责任校对：陈 春
责任印务：刘彭年
封面设计：北极光书装
电脑制版：北京弘文励志文化传播有限公司
印 刷：浙江新华印刷技术有限公司
开 本：710毫米×1000毫米 1/16 印 张：15
字 数：176千字 插 页：2
版 次：2022年4月第1版 印 次：2022年4月第1次印刷
书 号：ISBN 978-7-213-10498-5
定 价：68.00元

序言

我发现一个有趣的现象：很多学生宁可背诵上百篇甚至是几百篇范文，也不愿意认真琢磨一下高分作文究竟该怎么写。其实这是在用表面上的勤奋来掩饰骨子里的懒惰。因为当你幻想以押宝的方式来命中考试作文题目而获得高分时，实质上是守株待兔，是在用一个确定性的解决方案去应对高度不确定性的问题。论文写作与发表也是同样的道理。

人人都渴望成功，一些人还想通过走捷径来获得成功。

习武的人，总是盼望怀揣“葵花宝典”，笑傲江湖。

从政的人，总是期待手持“尚方宝剑”，平步青云。

炒股的人，总是幻想拿到内部消息，实现财务自由。

写作的人，总是希望获得灵感加持，文思泉涌、下笔如有神。

就连做科研的人，也往往要处心积虑去结识学界大腕儿，以期大树底下好乘凉；最不济也要认识几位权威期刊的编辑和评审专家，盼望着关键时刻能够得到帮助。

这不仅反映出如今的竞争确实格外激烈，大家不得不想点超常规的办法，出奇制胜；同时也反映了一种社会心态，一些人很浮躁，想使巧劲儿，总想“四两拨千斤”。但我特别希望你能明白：这条路，走不通。因为简单的路越走越困难，只有困难的路才会越走越简单。胡适说过：“这个世界上聪明人太多，肯下笨功夫的人太少，所以成功者只是少数人。”

你可能会说，用最小的投入换取最大的回报，符合经济学原理啊。但你怎么就知道结识学界大腕儿、攀附权威期刊编辑就是最小的投入呢？真理永远是朴素的，只有靠真才实学赢得大腕儿和编辑的尊重，他们才会真心实意地帮你，相信我。

也有些人认为，努力学习成功人士的现身说法，借鉴他们成功的经验就能获得同样的成功。我也承认业内大腕儿确实可以效仿，也的确应该多从成功人士身上借鉴经验。但别忘记电影《后会无期》里的那句台词：“听过那么多道理，依然过不好这一生。”

为什么呢？因为道理虽然没有错，但道理适用的场景总是有限的。那些成功的经验总是在特定的场景发挥作用，而且是发生在特定的人身上。一旦脱离特定的场景和人，这些道理也就很难发挥作用了。

你一定听过“小马过河”的故事。牛伯伯说水很浅，才到自己的小腿儿；松鼠兄弟说水很深，自己的伙伴被河水冲走了……这些都是诚意满满、干货十足的经验。然而这些经验对小马就不一定有用。故事的最后，小马还是“摸着石头过河”，按照自己的节奏，小心翼翼地蹚过了河。它不是靠别人的经验过的河，而是靠自己的思考和行动过的河。

道理是别人悟出来的，具体问题却是自己的。用别人的道理来解决自己的问题，怎么想都觉得不靠谱。

我更愿意把论文写作与发表视为一个“棘手问题”。1973 年，加利福尼亚大学伯克利分校的两位公共政策专家——霍斯特·里特尔和梅尔文·韦伯，提出了“棘手问题”的十个特征，翻译过来大概意思是：

第一，这个问题没有清晰的定义。

第二，它没有终极的答案。

第三，你的解决方法不分对和错，只有结果上的好和坏。而什么是好什么是坏，只能由你自己判断。

第四，不管你采取什么应对措施，都不会立即看到结果。

第五，没有专门给你做试错练习的地方，你的每一个动作都会有影响，你一上手就是实操。

第六，就连有什么选项，都是不清楚的。

第七，没有先例可循。前人的经验不会对你有太多帮助。

第八，这个问题很可能只是一个更深层次问题的症状，但是它背后不止一个问题，盘根错节，可能根本就没有根源。

第九，有很多利益相关方对这个问题有自己的看法，它们各不相同、彼此矛盾。

第十，一旦你上手，无论是什么结果，你都得负责。

论文写作与发表，就是这样一个具有高度不确定性的棘手问题。

问题的高度不确性决定了当你试图用一个确定性的解决方案去应对它，希望用走捷径的方式去获得成功，期待用借鉴他人经验的办法来达到目的时，这条路基本是走不通的。

因此，这本书虽然关注的是论文写作与发表的问题，书里的内容也是我个人多年经验教训的集成，但我要郑重提醒一句：这里没有捷径。千万别奢望本书能保证你的论文顺利发表。凡是以这种声音自我标榜的书，我也不建议你读。

这本书的优点在于，它用八个具有“最大公约数”功能的模块——选题策略、写作准备、篇头写作、框架设计、行文组织、篇尾写作、投稿发表和认知锦囊，系统呈现了一篇高质量论文究竟是什么样子，进而为怎样写出和发表一篇高质量的论文提供结构化的思维方式和行动逻辑。你一旦掌握并熟练运用这套思维方式和行动逻辑，做到因势利导、见招拆招，就至少踏上了论文写作与发表的进阶之路——是那种能够看到进度的，有明确目标指向的进阶之路。

最后，我想说的是：论文写作与发表，其实是在借假修真、以术问道。论文写作与发表，终究只是工具性的，缺乏“修真”与“问道”，就是舍本逐末、买椟还珠了。

成功是一场通往未知道路的马拉松比赛，别奢望一蹴而就、一招制敌。

如果想要获得成功，那你得赶紧上路。

目录

第一章 选题策略
做对这一点，就能甩掉 80% 的竞争对手

第二章 写作准备
凡事预则立，不预则废的底层智慧

第三章 篇头写作

用题目、摘要和关键词打造竞争力

第四章 框架设计

论文正文写作前的“第一次创造”

第五章 行文组织
论文正文写作中的"第二次创造"

第六章 篇尾写作
用参考文献和注释为论文质量赋能

第七章 投稿发表
像产品经理那样做好论文的“销售”

第八章 认知锦囊
社科论文写作与发表的观念破局

第一章

选 题 策 略

做对这一点，
就能甩掉 80% 的竞争对手

好的开始意味着成功了一半。说到论文选题，我觉得一个好的选题可以帮你轻松甩掉80%的对手。一篇论文即便不是十分出色，只要选题好，它就有机会发表在高级别期刊上。那么，究竟该如何确定一个好的选题呢？这就是本章要回答的问题。

兴趣点 + 关注面，用“T”形结构把握选题基本盘

我先谈谈兴趣点。

人们常说“兴趣是最好的老师”，这一点，我想你一定会有感受。就拿我来说吧，小学二年级，校门口哪家小卖铺里的山楂片最好吃，我肯定知道；初中二年级，哪家音像店可以租到最新、最劲爆的好莱坞大片，我当然知道；高中二年级，我喜欢的姑娘住在哪个小区哪栋楼，我不说，但我真的知道；大学二年级，校园里哪家打印店的复习题最全、打印复印的价格最便宜……对，我还是知道。这些都是我感兴趣的啊。

人们对自己感兴趣的问题，是愿意付出时间和精力去钻研的。这种钻研的过程，就是在进行深度思考，而任何一个选题的出现，都是深度思考的结果。所以，兴趣会帮助你站在选题的起点，开始深度思考。

思考的结果，很可能是形成一些比较成熟但依然零散的观点。这个时候，你可以尝试把自己感兴趣的问题，以及围绕这个问题进行深度思考所形成的观点写下来。之后，神奇的事情就发生了：你会发现脑子里模模糊糊、似是而非的想法开始变得清晰，问题和观点之间发生了巧妙的“化学反应”，结构化的思路得以呈现：

我为什么会对这个问题感兴趣？

我更感兴趣的是这个问题的哪个方面？

这些观点分别是从哪些维度回应这个问题的？

这些观点，哪些是并列关系，哪些是递进关系？

在思考这个问题和形成观点的过程中，有没有遗漏同样重要的内容？

……

你瞧，兴趣多奇妙，它可以引导你形成选题，并且帮助你围绕这个选题形成结构化思路。因此，基于自己的兴趣去寻找论文的选题，是件非常靠谱的事儿。

现在，你可以放下这本书问问自己："有什么问题是我比较感兴趣的？"

兴趣给出的答案，往往是你最容易上手，也最愿意诉诸笔端的选题。

下面，我再来谈谈关注面。

如果你对新能源汽车这个领域比较关注，那么，新能源汽车为什么这些年可以异军突起？国家为了鼓励新能源汽车的发展出台了哪些政策？特斯拉在中国的量产和降价到底意味着什么？百度、小米、滴滴出行、360……互联网企业扎堆造车究竟是什么原因？为什么很多国家都在推广新能源汽车？新版《新能源汽车产业发展规划》在描绘一个什么样的未来……

同样，如果你对"科学减肥"这个领域比较关注，那么，相信你对营养代餐、燃脂运动、吸脂术、轻断食这些内容如数家珍。

所谓关注面，就是你长期或者密集关注的领域，它们是多问题集合的"问题域"——这些问题可能比较零散，但都和你所关注的这个领域具有相关性。而一旦和自己关注的领域具有相关性，你就会形成条件反射，会对它们保持敏感。

论文的选题，其实也是这个道理。在那些你长期或密集关注的研究领域中，会逐渐形成独特的"问题域"，这个"问题域"决定着你的学术视野。不管这个学术视野是宽广还是狭窄，总会构成一个"关注面"。你可以因此积累很多有关这个领域的概念、知识、理论和方法，也会对这个领域的大腕儿们有个印象。比如你对“新能源汽车”这个领域比较关注，那么一旦提起新能源汽车，你就会想起特斯拉，提起特斯拉你就会想起埃隆·马斯克。你自然而然就对这个领域里的那些人和事儿了如指掌。

那么，兴趣点和关注面，会给论文选题带来怎样的启发呢？

在我看来，如图1-1所示，兴趣点+关注面，会形成一个“T”形结构。

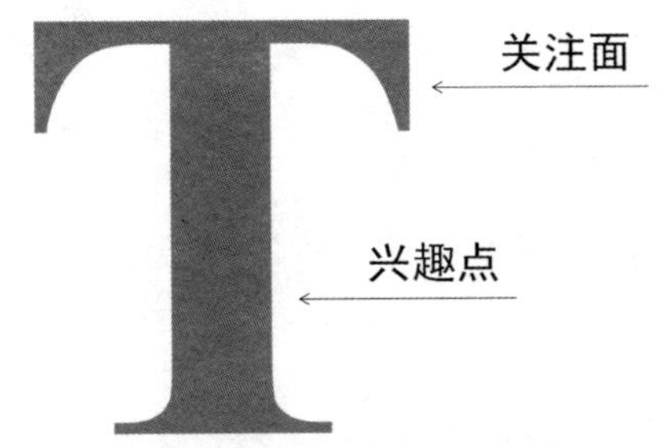

图1-1　兴趣点+关注面的“T”形结构示意图

“T”的那一“竖”，就是你感兴趣的那个“点”，是对一个问题纵向深度思考的过程，以及由此形成的观点和思路；“T”的那一“横”，就是你长期或密集关注的那个“面”，它意味着你在这个领域拥有一定的学术视野和知识储备。这一横一竖、点面结合的“T”形结构的交汇点，往往就是你论文选题的突破口。

如果你对我国“人口老龄化”的问题比较感兴趣，这些年也一直在持续关注日本高新技术产业领域的发展，那么，“日本某家高新技术企业应对老龄化的经验对我国的启示”就可以成为你论文的选题。

如果你对“乡村振兴”的问题比较感兴趣，这些年也一直在关注交通运输领域的大数据应用，那么“乡村交通运输基础设施建设中的大数据技术应用及其前景”就会是一个比较适合你的论文选题。

如果你对“中美贸易摩擦”的问题非常感兴趣，又长期关注大学生创业这个领域，那么，“中美贸易摩擦对中国大学生创业的影响及应对措施”就是一个非常不错的论文选题。

……

让你比较感兴趣的问题，构成了你的兴趣点。你愿意就这个问题进行深度思考，形成观点，找到思路。被你长期或密集关注的领域，就构成了你的研究视野，你在这个领域拥有较为充足的知识储备。

兴趣点＋关注面，这一横一竖、点面结合的“T”形结构的交汇点，可以成为你论文选题的突破口。

专业方向 + 研究经历，帮你站在自己的肩膀上寻找合适的选题

这里谈的专业方向很好理解，就是自己学习的专业。

一般而言，一个人从本科阶段就有了自己的专业方向，比如，我学的是马克思主义理论与思想政治教育专业，你学的是行政管理专业，他学的是会计电算化专业。我们出于各种原因开始进行深造，无论是硕士阶段还是博士阶段，都在专业细分的方向上越学越精深了。

不管是主动求知还是被动完成，你总会在自己的专业方向内拥有相应的知识储备和能力结构。所以，专业方向本身就构成了论文选题的重要支撑，甚至是最可靠的支撑。

好歹你是科班出身，专门学习了 4 年（本科）或 6 年（本硕连读）或 7 年（本科 + 硕士以及本科直博）甚至 11 年（本科 + 硕士 + 博士）。你对自己专业方向内哪些问题属于学术前沿，目前这个方向的研究热点是什么，哪些问题已经过气等，总还是有些耳闻，或相当了解，甚至得心应手。因此，专业方向对于论文选题很重要，绝大多数人都是在自己的专业方向内寻找论文选题的。

再来看一下研究经历。

从你以往的研究经历入手来寻找论文选题，也是一个不错的选择。我相信此刻正在阅读这本书的你，一定有过研究经历。比如，在本科阶段撰写学年论文、毕业论文和做毕业设计作品的那个过程，就是研究经历。而之所以能够拿到学士学位，就说明你至少写出了一篇还算不错的论文。硕

士学位论文、博士学位论文、博士后出站报告的写作，数据的收集、调查问卷的设计与统计数据的收集整理与分析，那就更是自己的研究经历了。

在这些研究经历中，你是为自己积累过一些经验的，可能不算多，也经常掉进坑里，但这是实战经历，是可以用来作为论文选题的参照物的。

不是说非得加入屠呦呦的科研团队，在《中国社会科学》上发表了论文的人才算有研究经历。那些人毕竟是站在学术金字塔塔尖上的极少数人。也许以后你会成为那样的人，但目前这些并不重要。重要的是，哪怕你只是拿到了学士学位证书，也能证明你是顺利完成一篇学士学位论文或一个毕业设计的人，你兵来将挡、水来土掩、披荆斩棘、一路高歌，才成为拥有学士学位的人。

经历会造就一个人，也可以摧毁一个人，是造就还是摧毁，不在于你经历了什么，而在于你怎样看待这些经历。要我说，幼儿园大班时我制作手工剪纸作品的活动都可以算作我的研究经历，而且它的价值并不比我的博士后出站报告小。

研究经历包括但不限于：有同学拉你去做他（她）的“大创”项目课题组成员，然后他（她）居然还真拿到了这个项目，你先是跟着他们一起庆祝，大吃了一顿，之后分头收集数据、整理文献，做了访谈大纲；研究生阶段，你被导师逼着去参加了几次组会，被派去在肯德基的门口分发和收集过调查问卷；你还被迫参与过导师科研项目研究报告的写作，终于赶在截稿之前的两个小时提交了自己惨不忍睹的“作品”；进入高校后，你也有申请校级科研项目的经历，草草写了一份申报书提交上去……

以上这些情况都可以算作研究经历。这些经历本身就可以帮助你寻找论文的选题，可以为你的选题工作提供灵感。如图 1-2 所示，专业方向和研究经历的互嵌，构成了选题的车之双轮、鸟之两翼。

图 1-2　专业方向 + 研究经历的互嵌示意图

专业方向 + 研究经历，对于你确定论文选题的好处在哪里呢？有了它们的助力，可以保证你不是从零开始。一方面，以往在专业方向上的积累让你拥有与该专业高度契合的知识储备和能力结构，也许你并不知道，但你早已是个内行，是专业人士；另一方面，以往的研究经历也为你积累了“怎样做研究”的实战演练经验，你所取得的一次又一次的成功，都会帮助你在确定论文选题上越做越好。

比如，你学的专业和我一样是马克思主义理论与思想政治教育，不同的是我硕士毕业之后就转到其他专业了，而你一口气读完了博士。假如你的博士论文题目是“世界百年未有之大变局视野中的大学生爱国主义教育实证研究”，在博士论文的写作过程中，你积累了很多中外文专业文献，发表了一些论文，也通过了论文答辩，那么现在，你完全可以在这个议题下设计出一系列带有鲜明问题意识的论文选题出来，再结合自己博士论文中的研究内容，进行研究拓展和问题阐发：

如何理解世界百年未有之大变局的深刻内涵？

世界百年未有之大变局会给中国高等教育带来哪些冲击和挑战？

当前高校大学生的爱国主义教育整体状况怎样？存在哪些问题？导致这些问题的原因是什么？（可以做个案分析，也可以聚焦某个地区，

比如东北、华北、西南等，还可以做校际比较、地区比较）

世界百年未有之大变局背景下的大学生爱国主义教育会有哪些新特点和新变化？

世界百年未有之大变局会给大学生的爱国主义教育带来哪些压力和动力？应该采取何种方式应对压力，以及如何转化这些动力？

世界百年未有之大变局背景下如何培养大学生的爱国主义精神？

……

你瞧，你不仅是有论文选题的，甚至未来三到五年都不愁没有论文可写。

有专业背景加持和长期专业知识能力的积累，以及科研工作实战经验，这些都将保证你在做论文选题的时候不是从零开始，而是站在自己的肩膀上去看世界。

专业方向的持续积累，会让你拥有这个专业相应的知识储备和能力结构。专业方向构成了论文选题的重要支撑，你也因此成了专业人士。

以往的研究经历也为你积累了宝贵的科研经验，本科阶段、硕士阶段、博士阶段，你一路过关斩将的经历，都有助于拥有选择并完成选题的能力。

专业方向＋研究经历，可以帮助你站在自己的肩膀上寻找最合适的选题，并且有能力完成这个选题论文的写作工作。

广泛阅读+精准阅读，把“大海捞针”变成“探囊取物”

关于如何找选题，我想给你的第三个建议是广泛阅读+精准阅读。

那么，什么是广泛阅读，什么又是精准阅读呢？前者是“泛读”，也就是泛泛而读，追求的是数量和规模，属于浅阅读；后者则是“精读”，就是比较精准、细致地阅读，追求的是质量和收获，属于深度阅读。

一方面，你需要通过广泛阅读的方式快速完成量的积累。

如果没有达到一定量的积累，你就很难把握某个问题或某一领域的研究现状。而研究现状把握不清，就无法找到那些高质量的、能够帮助你锁定论文选题的、值得“精读”的重要文献。究竟“泛读”到什么程度才算完成了量的积累呢？

这个问题类似于在一片漫无边际的玉米地如何选出最大的那穗玉米，或者是在茫茫人海中如何找到自己的婚姻伴侣。这里的玉米和婚姻伴侣，就是接下来需要“精读”的重要文献。

在数学学科里，这类问题叫“最优停止问题”。也就是说，要知道自己该在什么时候停下来，做出选择。具体到阅读，也就是知道自己的“泛读”达到一个什么样的量，才可以开始选择“精读”文献。

经过数学家们一系列运算和推演，“37%法则”诞生了。它的大概意思是：如果你需要在一片玉米地里找到最大的那穗玉米，那么最优策略是在占这片玉米地37%的面积里不做任何选择，只进行观察。一旦超出这37%的面积，只要发现一穗比之前地里更大的玉米，就果断出手，做出选择。

“37% 法则”的启示在于，不能不加节制地“泛读”，尤其是当你发现自己感兴趣的某个问题或你关注的某一领域的研究文献数量非常多的时候。

以“中国知网”的期刊论文检索为例，一个比较理智的选择是：当你发现关于自己所感兴趣的某个问题已经发表的论文数量在 1000 篇左右时，你的“泛读”规模控制在 37%，也就是 370 篇左右比较合适。之后，一旦发现能惊艳到你的论文，就把它下载留存，开始“精读”。

当然，如果该领域论文的体量实在太大，你还可以初筛一下再做“泛读”。如果你发现在这一领域发表的论文数以万计，甚至更多，可以只查看其中发表在“北大核心”和“CSSCI”期刊上的论文，这样文献的数量一般会下降一到两个数量级，总量变得容易控制，“泛读”文献的整体质量也不至于太差。

至于如何检索和筛选更具价值的高相关文献的内容，不是这里讨论的重点，感兴趣的读者在第二章“写作准备”模块的“文献准备，通过数据库检索获得‘巧妇’下炊之‘米’”中寻找答案，这里不展开讨论。

另一方面，你需要通过精准阅读的方式最终完成质的飞跃。

谈到精准阅读，尤其是为了帮助你寻找论文选题的“精读”范围，我想先介绍三个关于阅读的认知陷阱。

首先，阅读数量不是越多越好，投入的时间精力也不是越多越好。我要告诉你一个事实：在你能够检索到的浩如烟海的专业论文中，有 99% 的论文都是不值得你去阅读的。对于这类论文的正确态度是不要阅读。提高论文阅读效率的最好方式是只选“对”的那 1% 的论文来读。而判断一篇论文是不是“对”的唯一标准，就是看这篇论文能不能直接促成你找到选题。一定记得在论文的选题阶段，找到金子永远比过滤沙子更重要。

那种一看题目就索然无味、清汤寡水的论文是根本不适合你的。只有能惊艳到你的论文，才值得阅读。

其次，一字不漏地通篇阅读不是好的阅读习惯，一定要加以选择。请一定记得：不是每篇论文都值得从题目一字不漏地读到结尾的最后一句话。事实上，你有权在阅读的任何一个环节结束阅读，你没有通篇阅读的义务。决定你是否继续阅读的唯一标准只能是刚才提到的——是否能直接促成你找到选题。

别让心理学上的“未完成事件”干扰你的判断。记住，你的目的是写出一篇高质量的学术论文，而不是要完整阅读1篇或9999篇论文。手段永远要服从目的，而你的目的是找选题。

再次，啃动辄几十万字的大部头著作也不是明智的阅读选择。细心的你一定发现我在谈阅读的时候，谈的一直都是要去阅读论文，说到检索文献的时候我也是在谈论文。你也许会说，一本专著会更系统和详尽地呈现一个完整的知识体系和理论框架啊。在我看来，90%的专著根本不具备激发论文选题的价值。要知道一篇高质量论文的字数一般是1万多字，最多两万字到头了，可一本专著基本是20万字起步的。不计时间成本的阅读是非常不明智的。一篇高质量的论文能够在非常有限的篇幅内呈现一项研究的全部过程。通过阅读，既能看到作者的选题缘起、提出问题的过程，也能了解学界的研究现状，以及论文的主要观点、研究结论，还能对论文写作框架的搭建、研究方法的运用、论证逻辑的展开和参考文献的使用情况一览无遗。而且最重要的是：它能激发你的思考，帮你获得选题的灵感。

谈完关于阅读的认知陷阱后，再来看看究竟该如何精准阅读。

假如现在，一篇能惊艳到你的论文已经被打开了，怎么读呢？

我建议的阅读顺序是：题目→关键词→摘要→参考文献→各级标题→正文。如果有注释，那么，在阅读正文的时候涉及哪个注释，就读哪个。这样的阅读顺序，在很大程度上也是这篇论文的价值排序。

先读题目。题目很可能是吸引你下载和阅读一篇论文的最重要因素。题目配合关键词，基本就能知道论文是要研究什么了。

接下来，看摘要。一个规范的摘要会把这篇论文的主要观点完整呈现，也就是说，看完摘要，基本就知道这篇文章的干货是什么了。摘要有点类似于初中语文课文中的中心思想，所以很多时候，看完摘要也就知道这篇论文还值不值得继续往下读了。

看完摘要就该去看正文吗？至少我的答案是否定的。其实正文是一篇论文最不重要的部分，至少对目前希望通过阅读寻找论文选题的你而言不是最重要的。接下来要去看参考文献，看看作者是依托哪些参考文献形成论文的摘要的。参考文献远比正文更有营养，因为它会为你找到最有价值的文献提供一个“干货索引”。

再之后，要看论文行文框架的搭建，也就是论文的各级标题——先看一级标题，然后是二级、三级标题。通过阅读标题，论文的行文逻辑也就基本浮出水面了。

最后，如果觉得确有必要，再去看正文。甚至到了这个时候，注释的含金量都会比正文高：因为通过注释你能看到论文的背景知识，这些知识往往会带给你更多的灵感和启发。

最重要的一点是，无论阅读进行到了哪一步，只要这种阅读让你突然想到了一个论文选题，那么阅读就可以马上停止。精准阅读的目的就是如何以最少的时间精力投入，换来一个最合适的论文选题。

为了更好地实现这一点，我建议你在阅读过程中要不断提醒自己：正在阅读的这个部分，对于我论文选题的价值在哪里？我可以写一篇什么样的论文？而一旦这些问题有了答案，就立刻停止阅读，记下选题。

如图1-3所示，广泛阅读+精准阅读，会形成一个倒金字塔形状的“知识漏斗”，这个“漏斗”会帮你变“大海捞针”为“探囊取物”，在文献的汪洋大海中聚焦和锁定自己需要的文献，最终得到论文的选题。

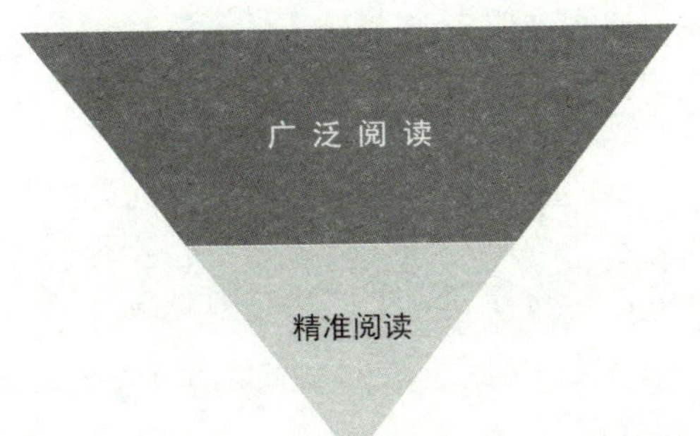

图1-3 广泛阅读+精准阅读“知识漏斗”示意图

广泛阅读和精准阅读相结合，对于论文选题的意义就在于：它可以让你在把握某个问题或某一领域研究现状的基础上，去粗取精、去伪存真，找到该问题或领域内最惊艳的文献，再通过“精读”去激发你寻找论文选题的灵感，得到选题。

行动圈 + 能力圈 + 认知圈，用“同心圆算法”锁定自身优势

论文选题很重要，需要慎重思考、谨慎对待。这种慎重和谨慎源自一个好的选题对于高质量论文的重要性，并不是说论文选题很少。论文选题一点都不少，只要稍稍检索一下就会发现每年、每月、每天，甚至每小时、每分、每秒都有大量的论文被不断发表出来。

事实上，论文选题是有无限可能性的。

问题在于，你的时间精力是有限的。你应该如何选择，找到最适合自己的好选题呢？这里，我为你介绍下“同心圆算法”。

什么是“同心圆算法”呢？如图 1-4 所示，来看一下这三个同心圆：最里面的这个圆，对应的是你的“行动圈”；中间的这个圆，对应的是你的“能力圈”；最外面的这个圆，对应的是你的“认知圈”；再往外就是空白了，那是你未知的世界。

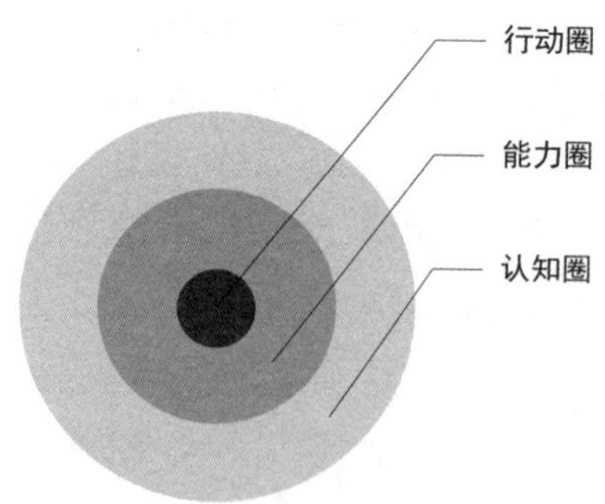

图 1-4　行动圈 + 能力圈 + 认知圈的“同心圆”结构图示

这个同心圆结构图说明了什么呢？

一起来做一道题：两个6寸的比萨和一个9寸的比萨，哪个更大？先用直觉判断一下，再简单算一下就会发现，明明感觉两个6寸的比萨会更大，而实际上却是9寸的比萨大。从6寸到9寸，虽然比萨的半径只增加了50%，面积却变成了原来的两倍还要多。

回到论文选题问题，这道题目的启示在于：如果你的选题不够聚焦，哪怕只是扩大一点点范围，要想写出好论文就得付出好几倍的努力。这就是为什么物理学家玻尔会这样描述专家，他说："专家就是这样一个人，他在一个非常狭窄的领域内犯过所有可能犯的错误。"

这句话的关键点是"在一个非常狭窄的领域"。论文选题一旦扩大，你的论文写作成本就会高出很多倍。所以，要想写出高质量的论文，成为某个研究领域的专家，首先必须严格控制最里面"行动圈"的大小，要确保这是"一个非常狭窄的领域"。

那么，究竟什么是"同心圆算法"呢？用一句话来概括就是：减小"行动圈"，明确"能力圈"，扩大"认知圈"。

首先，也是最重要的一点，就是"行动圈"要尽可能地减小。

想想那道有关比萨的题目，一旦你涉猎广泛，想在多个领域开展研究工作，产出学术成果，你的研究成本就会呈倍数增加，而在某个具体领域投入的时间精力自然要缩水，研究质量不尽如人意就成为必然。所以，最好的做法是尽量减小"行动圈"，要去"深挖洞"，在一个专精的垂直领域持续投入时间精力，产出学术成果。这样才容易形成你的规模优势，成为某个研究领域不会被替代的那个人。

其次，"能力圈"要尽可能地明确，并且确保自己不在能力之外做事情。

这里有两个要点：一是要明确能力是有边界的，否则就不是真正的能力；二是对个人而言，“能力圈”是大是小其实并不重要，重要的是要明确知道自己的“能力圈”究竟有多大，然后老老实实地待在里面。说白了，就是要对自己的能力有自知之明，不做超出自己能力的事儿。

美国著名风险投资家弗雷德·威尔逊曾经指出：“你取胜的唯一途径就是知道自己擅长什么，不擅长什么，并坚持做你擅长的事情。”

再次，“认知圈”要尽可能地广阔，时刻保持对外部世界的好奇与敬畏。

没有广阔的视野，一个人做起研究，就容易受到自身认知的局限。因此，只要力所能及，就要对未知世界保持好奇，多去扩大自己的“认知圈”，保持开放的心态去了解陌生的领域和未知的世界。这样做还有一个好处，就是可以提醒自己时刻保持敬畏，知道“吾生也有涯，而知也无涯”的道理。

明确自己的“能力圈”并老老实实地待在里面，并不是说就不需要培养自己的能力、扩大自己的“能力圈”了。事实上，在学术成长道路上，没有什么比不断培养和提高自己的能力、扩大自己的“能力圈”更重要的事情了。

人们很容易混淆“能力圈”和“认知圈”，错把认知当成能力。一旦错把认知当成能力，在自己的能力之外做事儿，后果往往会比较严重。

如图 1-5 所示，“同心圆算法”告诉你，可以用三个同心圆的模型来帮助自己理解论文的选题问题，概括起来就是减小“行动圈”，明确“能力圈”，扩展“认知圈”。

它所对应的认知关系是这样的：

最内层是“行动圈”，是“我做我知道”，是通过行动来认知世界的方式。这是你应该集中资源、投入最多时间和精力去维护的圈子，并且想办法努力减小行动半径，减小“行动圈”。中间层的“能力圈”是“我知道我行”，是对自身能力边界的明确认知。明确能力边界后要老老实实地待在里面，然后在“能力圈”之内做事的同时努力提升自身能力，明确“能力圈”。最外层的“认知圈”是“我知道我不知道”，是你需要通过认知去了解的世界；在“认知圈”之外就是未知世界了，是“我不知道我不知道”，要通过扩展“认知圈”的方式来尽量减小未知世界，扩展已知世界。

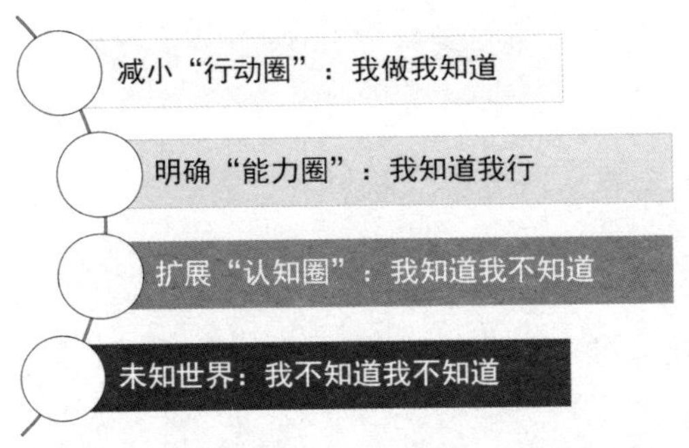

图 1–5　“同心圆算法”所对应的认知关系图示

论文选题要懂得聚焦，要在一个狭窄的“行动圈”内锁定自身优势，实现论文质量的突破。在此基础上，明确“能力圈”，扩展“认知圈”。

文献检索 + 趋势分析，通过“外部校准”进行选题价值评估

前面介绍了四种论文选题的策略，分别是兴趣点 + 关注面、专业方向 + 研究经历、广泛阅读 + 精准阅读，以及行动圈 + 能力圈 + 认知圈。那么，用这四种策略中的一种或几种来确定论文选题是不是就够了呢？

我的回答是不够。因为这些策略都只是在“向内探索”，而论文写出来后是要通过发表去和学界的同行进行交流对话的，更重要的一点，是要提供“学术增量”的。这种学术增量包括但不限于：新知识、新观点、新方法、新概念、新解释、新框架、新材料、新数据、新结论。

倒推回来，如果你写出来的论文不能为学界的既有研究提供学术增量，那么这种研究很可能就是没有价值的，你所做的努力很可能就是低水平的重复劳动。这种劳动对自己而言是浪费时间和精力，即便发表了，也只是占用了宝贵的版面资源，而这个版面本可以发表更有价值的论文。

因此，我强烈建议，当你通过上面四种策略中的一种或几种确定了论文的选题之后，还要再做一个文献检索和趋势分析的工作。也就是说，让自己的选题回到文献数据库，通过对文献数据库中已经发表的学术成果的检索，来对自己确立的选题进行“外部校准”，对选题进行一下价值评估，看看是否值得落笔成文。

“外部校准”是什么意思呢？简单来讲，就是把已经确定下来的选题的关键词提取出来，然后去文献数据库进行检索，通过检索来了解学界对这个关键词的研究现状与趋势，进而评估这个选题的价值。

学术文献数据库有很多，大家根据自己的检索偏好来进行检索就好，

我比较常用的是“中国知网”[①]。

比如，你确定的论文选题是“新时代中国意识形态安全面临的挑战与应对”，这个选题的关键词就应该是“意识形态安全”。把“意识形态安全”作为“篇名”，在中国知网的“学术期刊论文数据库”中进行“篇名检索”，具体步骤是：如图1-6所示，打开中国知网，在检索框的左侧点击选择“文献检索”，右侧点击“高级检索”。

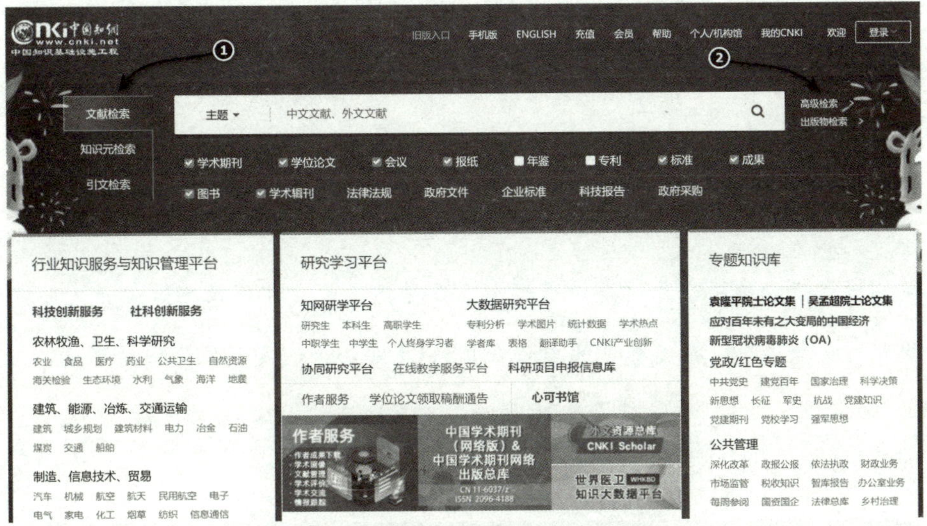

图1-6　中国知网“高级检索”操作图示

然后，如图1-7所示，在跳转页面的检索框的下面选择“中文”和“学术期刊”，在最上面的检索框左侧选择“篇名”，在检索框中键入“意识形态安全”，勾选“CSSCI”（可以根据自己的需要来选择不同来源的类别，这里以CSSCI期刊为例），最后点击“检索”。

① 本书关于文献数据库相关内容的讨论，都是以“中国知网”为例来进行的。——作者注

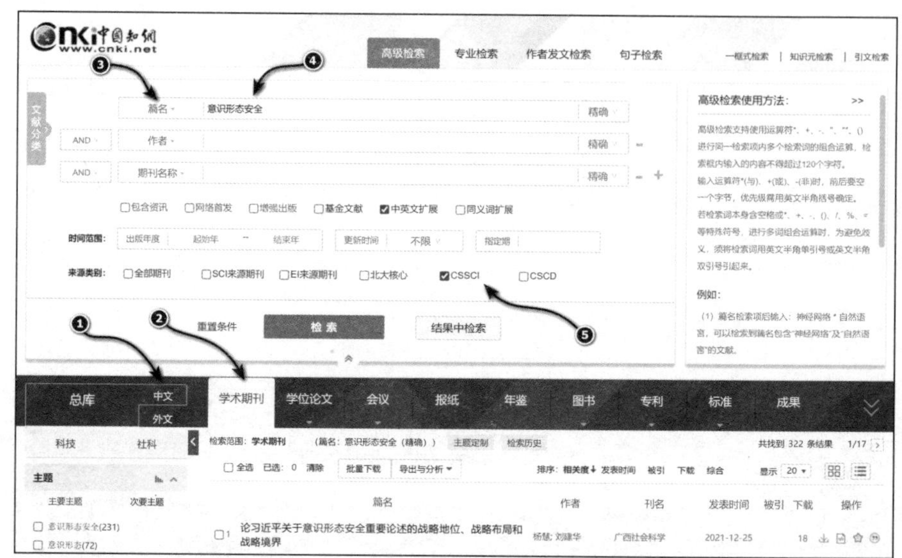

图 1-7　中国知网“中文→学术期刊→篇名→ CSSCI”检索操作图示

根据检索结果，你对这个选题就有了直观感受，可以预判这篇论文还有多大的发表空间，有没有可能发表在 CSSCI 期刊上，是否值得继续跟进。

回到刚才的例子。如图 1–8 所示，检索结果表明以“意识形态安全”为篇名，发表在 CSSCI 期刊上的论文有 300 多篇。

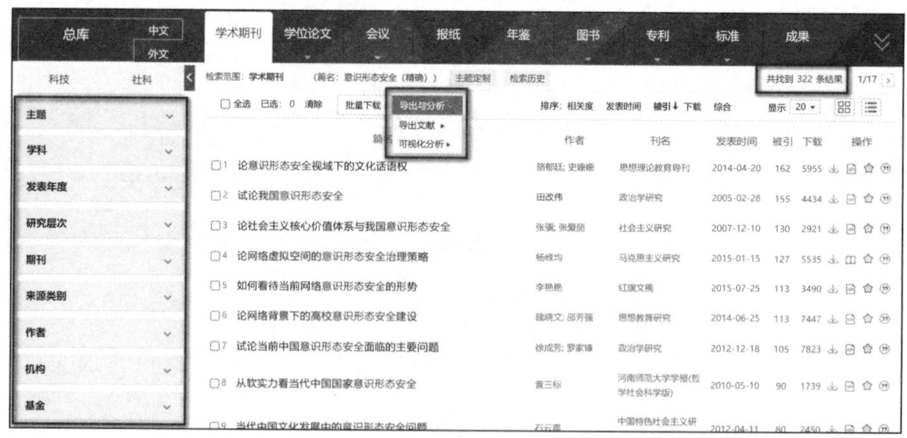

图 1–8　中国知网学术期刊“篇名”检索页面截图

点击页面左侧的“主题”“学科”“发表年度”“研究层次”“期刊”“来源类别”“作者”“机构”“基金”等下拉菜单就可以了解更多相关信息，点击中间“导出与分析”下拉菜单中的“可视化分析”，可以直观地看到这个选题的年度发文数量及趋势。若想进一步了解每篇论文的具体信息，点击论文标题就能看到题目、作者、作者单位、摘要、关键词、基金资助等更多信息。如果对某篇论文非常感兴趣，还可以下载（需付费）详读。

那么，如何通过对文献数据库的检索来评估选题的价值呢？

一方面，可以通过论文发表数量与层次的数据统计信息来做价值评估。还拿“意识形态安全”为例，通过篇名检索可以查到1200多条论文信息。而将“来源类别”限定在“北大核心”与“CSSCI”，可以查到360多条论文信息。[②]这说明和这个议题直接相关的论文已经发表了1200多篇，其中，有30%左右的论文发表在高级别期刊上。这个数量和比例，可以帮助你了解学界对于这一议题的研究现状，以及整体研究水平。同时，点击检索结果页面左侧的各个下拉菜单，可以进一步了解有关这一选题发表论文的更多统计数据信息。比如：发表论文的主要主题和次要主题有哪些；不同年度发表论文的数量有多少；刊载该议题的期刊有哪些，以及刊载数量有多少；不同来源类别的期刊上发表该选题的论文数量是多少；归属于哪些学科；有哪些作者发表过该选题的论文；这些作者都属于哪些科研机构；这些论文都得到了什么级别项目基金的支持；等等。显然，这些信息会为你综合评估这一选题的价值提供更多的参考指标。

另一方面，通过年度发表论文数量的变化趋势做价值评估。还拿前面

② 本书的全部文献数据库检索工作是在2021年7月做出的。——作者注

的“意识形态安全”为例，如图 1-9 所示，这里展示的是点击检索页面中间“导出与分析”下拉菜单中“可视化分析”后的页面。

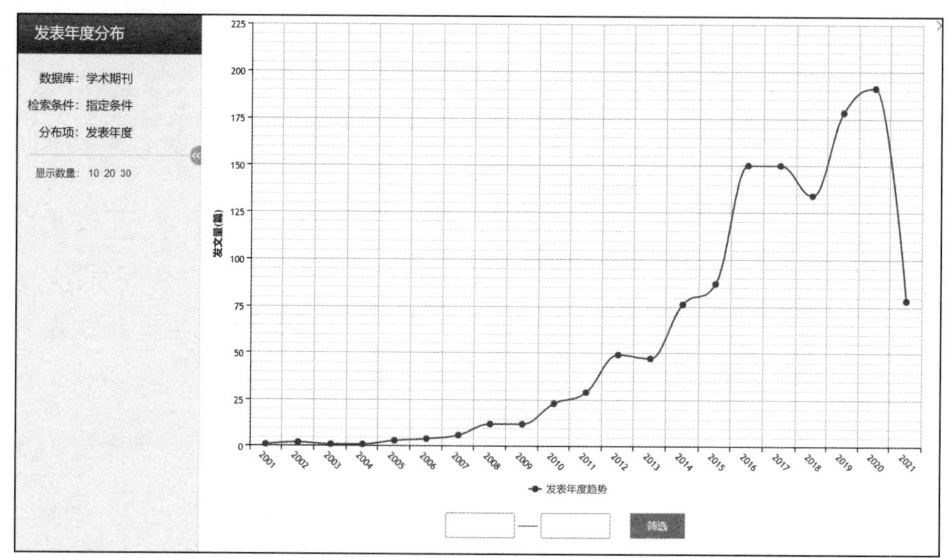

图 1-9　“篇名”检索“意识形态安全”发表年度趋势图

可以发现，从 2001 年第一篇题目包含“意识形态安全”关键词的论文发表至今（忽略 2021 年当年[③]），发文数量除 2013 年和 2018 年较之前一年有所下降外，整体呈现上涨的趋势。在我看来，这样的选题还是值得跟进的，毕竟趋势在上涨，期刊对该选题论文的刊文量在增多，说明被发表的机会在增加。

再来换个选题关键词检索试试看。比如，以“中国模式”作为关键词进行“篇名”检索，如图 1-10 所示，会得到下面的趋势图。

③　本书的全部文献数据库检索工作是在 2021 年 7 月做出的，2021 年数据不完整，因此需忽略。——作者注

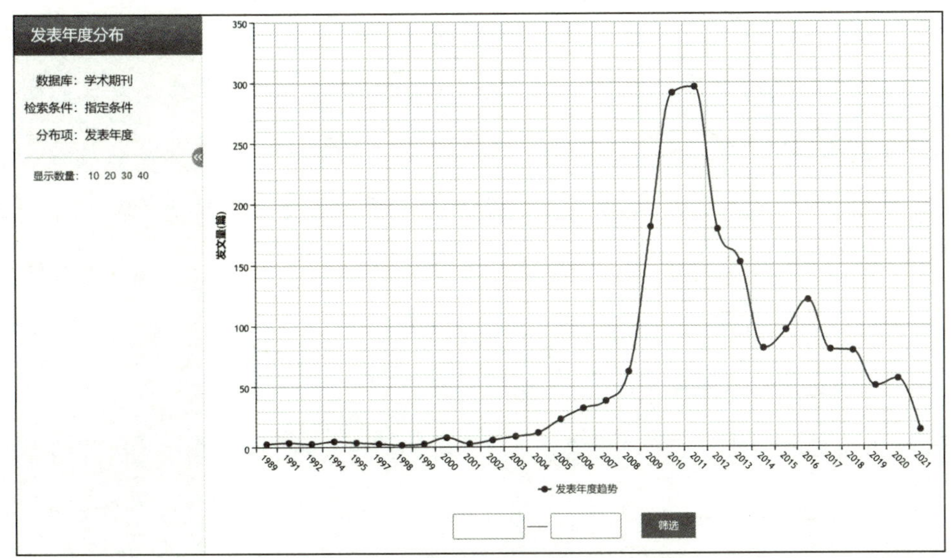

图 1–10　“篇名”检索“中国模式”发表年度趋势图

可以发现，大概是在2011年前后，有关“中国模式”的研究达到高潮，发表论文的数量是最多的。随着时间的推移，除去2015年、2016年、2020年小幅上涨之外，研究热度的衰退趋势还是非常明显的。如果现在你再去跟进这个选题去写论文的话，其实是在跟进一个“过气”的选题。

这并不是说“中国模式”问题本身不值得研究，而是单纯从学术论文是否容易发表的角度来看，投身一个研究热潮已经消退的问题显然不如投身一个研究持续高涨的领域更容易取得成果。如果你还想跟进“中国模式”的话，除非你有新的、独到的见解，或者运用了新的研究方法，或者掌握了新的资料和数据——总之，你得有显著的学术增量才有可能突围。

你至少要熟练掌握一个文献数据库的基本检索技巧。检索能力越强，对于数量、趋势、占比的意义理解得越充分，你对论文选题的“外部校准”工作就会做得越扎实。同时，文献数据库的检索能力也会在你进行论文写作的文献准备时帮上大忙。

论文选题的“外部校准”，其实是对根据自己“内在尺度”做出的选题设计进行外部价值评估的工作。文献数据库的检索，以及对检索数据统计信息的可视化分析，能对自己预设选题的学界研究现状有所了解，对该选题的论文是否容易发表、发表在什么层次的期刊等问题，有一个通盘的权衡和考虑。

一般来讲，那些研究起步比较晚、处于方兴未艾的研究阶段、发表年度趋势正在持续增长的研究选题更值得跟进。如果你投放在论文写作中的时间精力是一个点的话，那么，把这个点放在一条持续增长的曲线上更容易获得成功。讲得再直白点，其实就是选择一个能让你乘势而上的选题，达到“好风凭借力，送我上青云”的效果。

第二章

写 作 准 备

凡事预则立，不预则废的底层智慧

古人云“凡事预则立，不预则废”，做好准备工作很重要。经过论文选题策略实操的功课，你已经确定了一个选题，为了确保论文的高质量，接下来要进行充分的准备——我建议你从四个方面进行准备，分别是心理准备、身体准备、目标准备和文献准备。

心理准备，提高抱负水平本身就是最好的奖赏

经过多年的观察，我发现人和汽车有一个共同点，那就是两者都是从内部驾驭的。除非你已经做好了心理准备，有了一个稳定持续的内在倾向，也就是内驱力，否则，论文写作这个事情很难开始，就算开始写了也很难坚持写完。

就拿我自己来讲，我2003年进入高校开始真正接触论文写作，到现在也快20年了。但是实话实说，我永远能找到比写论文更有趣的事情。必须承认，作为一种高强度的、创造性的脑力劳动，论文写作是一件异常艰难、充满痛苦的事儿。因此，没有强大的动力、积极的心态和愉悦的心情，就没办法写作。

那么，该如何做好心理准备呢？

第一，也是最重要的，要提高抱负水平。

在我看来，提高抱负水平应该是心理准备的核心。它的意思是说，如果你以前在写论文的时候没认真想过要把它发表在什么层次的期刊上，那么现在，你不妨把自己的抱负水平稍稍提高一下。

如果以前你在写论文的时候没想过它会发表的话，那么现在，你要努力写出一篇可以公开发表的论文；如果以前想的是只要能发表就行，那么现在，你要写出一篇可以发表在北大核心期刊上的论文；如果以前想的是发表在北大核心期刊就行，那么现在，你干脆努力写出一篇可以发表在CSSCI期刊甚至权威期刊上的论文。就是说，**要把论文发表的层级上调一**

档，提高一下自己的抱负水平。

提高抱负水平的好处主要在于，它能够激发你全部的潜能来投入即将开始的写作工作中。很多时候你放弃了写作，写不下去了，最主要的原因是自己的抱负水平不够高。于是，论文写作这个事情就逐渐从凑合着能发表就行，到发表不发表都无所谓，再到写不写出来都成。你选择一步步放过了自己，最关键的原因是缺乏抱负水平的驱动。

第二，要有积极正面的心理暗示。

关于心理暗示这一点，最简单粗暴的做法就是在脑海中经常响起这样一个声音："他行我也行。"是的，我行，我可以，我能做到。隔壁宿舍的黄博士整天忙着谈恋爱都发表三篇论文了，我钻石王老五，凭什么写不出论文？然后不断想象自己正在写作的这篇论文已经发表在权威期刊上的样子，认真想象自己拿到样刊时的情景。

在你进行想象的时候，越具体越好。比如，样刊是通过顺丰到付邮寄过来的，居然要收 30 元钱的快递费。快递小哥的冲锋裤很有型，是自己喜欢的军绿色。拆开快递包装之后，在样刊映入眼帘的那一刻被惊到了，你猜怎么着？自己的论文居然被这个期刊封面推荐了，当翻开样刊的时候，印刷品所特有的那种油墨气味简直沁人心脾。但你发现了一个严重错误，作者单位居然被写错了……

大家千万不要认为我在搞笑或者意淫，对成功细节的完美想象更有利于获得成功这个道理，是被心理学实验反复验证的事实。如果你总是在想象自己获得成功之后的样子，就更容易激发自己的潜能和自信，你会更有执行力、更具韧劲儿和勇气，从而就真的更容易获得成功。

第三，要有持续正向的自我激励。

每个人都有巨大的潜能可以挖，你也远比自己想象中更加强大。这不是心灵鸡汤，这是认知心理学的研究结论。通过持续正向的自我激励，不断告诉自己“我一定可以，我能行”，不断给自己打气，就容易把自己的潜能激发出来，让处于蛰伏状态下的原本强大的自我被激活，展现出内在生命本来的样子。

建议大家养成良好的思维习惯，改变错误认知导致的不合理信念，摆脱不良情绪的困扰，不断用积极的、正向的自我激励来为自己充电，让你无所畏惧，勇往直前。

除了上述这三点，对生活中的简单事物保持兴趣，时刻拥有对外部环境的好奇心和探索欲，接纳和拥抱变化，用游戏的心态去做那些死气沉沉、中规中矩的事儿……这些都有利于你做好心理准备，为论文写作活动提供稳定持久的内部驾驭力量。

还要把这种“心力”转化为行动力。当你抱负水平提高后，内心就会涌动着使命感，激励自己百折不挠，万折必东。事实上，没有什么比确信自己正在为一项崇高的使命而奋斗更激动人心了，这种感觉本身就是最好的奖赏。

有句话说得很好：不是因为事情难才无法行动，而是因为没有行动，才让事情变得很难。所以，做好心理准备后，就要立刻行动起来。

要想让论文写作工作顺利开展，做好心理准备很重要。没有强大的心力、积极的心态和良好的心情，就没办法写作。

你可以从以下三个方面做好心理准备：一是提高抱负水平，用“跳一跳可以摘到桃子”的姿态来增加内驱力；二是要有积极正面的心理暗示，告诉自己“他行我也行”；三是要有持续正向的自我激励，展现内在生命本来的样子。

有句话说得很好：不是因为事情难才无法行动，而是因为没有行动，才让事情变得很难。所以，做好心理准备后，就要立刻行动起来。

身体准备，为参与无限游戏提供最大本钱

论文写作这件事，没有健康的甚至是强壮的身体，再好的选题，再多的学术增量，也不足以支撑你完成。

如果你现在正在经历重感冒，嗓子齁疼、浑身酸痛、打喷嚏、流鼻涕、发烧 38.9℃……在这种情况下，还非得让自己有强大的动力、积极的心态、愉悦的心情，然后不断自我激励："我可以的，我可以的，我是有潜能可以挖的，他行我也行。"这简直就是疯子了，对不对？

身体是革命的本钱，心理准备也是建立在良好身体状况的基础上的。为此，你可以每天适量运动，多吃蔬菜水果，合理安排饮食，少糖少盐少油，保证有规律的作息时间，保证睡眠充足，等等。我想我再这样说下去你得恨我了，对不对？道理其实每个人都是懂的。

我还是来个现身说法，给你介绍一下我以前是怎么做的，现在是怎么做的。

我读博士那会儿，在协助导师完成项目研究报告、书稿和写自己的学位论文，也就是写作压力最大的时候，我只要人在学校（由于我是在职读博，需要在家乡的单位和北京的学校之间两头跑），基本上每晚都去操场跑步。400 米的跑道，状态最好的时候能跑上 10 圈，正常发挥是跑 5 圈；后来博士毕业，跳槽去了新的工作单位，入职第一年我发表了 8 篇 CSSCI 期刊论文，那个时候我是每天早起去操场上跑步的，三四圈总还是有的。

后来，在赶我自己申报国家社科基金后期资助项目的书稿的时候，那段时间我经常是通宵写作的，这一点强烈不建议你效仿。但是那时候我办

了游泳健身年卡，每周 3 次去健身房慢跑 + 器械练习 + 游泳，我基本坚持下来了。再后来，写自己的博士后出站报告，只要人在学校（由于我是在职博士后，需要在单位和上海的在站学校之间两头跑），只要不下雨，我也是每天早起跑步的。

目前，我在一个四线城市稳定下来了，除非下雨或者雾霾天，我每天都会早起到小区院子里跑上两圈；白天没课的时候，15 分钟的卷腹、200 个跳绳、50 个深蹲、5 分钟的平板支撑也会尽量坚持做一下。

既然说到运动，**我推荐你去尝试一下平板支撑或跳绳，看看哪个适合自己，然后尽量坚持。这两个运动项目对于环境场地的要求几乎为零，随时随地可以开练，占用时间也非常少，**因为一般运动 5 分钟就“生无可恋”了。而且，平板支撑可以没有垫子，把两只拖鞋分别垫在两个胳膊肘下面就可以开练；跳绳也可以是没有绳的，双手假装摇动一根“空气绳”，脑海里自动播放“我相信我就是我，我相信明天，我相信伸手就能碰到天”，也能呼哧呼哧跳得不亦乐乎。

我也做下自我反省，希望你能引以为戒。

我说的那些关于运动的都是事实，但我也必须承认那只是事实的一个方面。我也做了太多不利于健康的事情。比如，我写作的时候总是喝劣质咖啡，就是那种高糖高脂、有各种添加成分的速溶咖啡，而且剂量还不断加大，因为产生了上瘾效应。我从读博士开始喝到了 2021 年初，有十几年时间了，很是可怕。再比如，我写作时是熬夜的，因为我发现自己效率最高的时段是在下午三点到六七点，以及晚上十点到凌晨三四点。遗憾的是下午的时段经常是琐事缠身，所以熬夜几乎成为宿命。

这两个坏习惯让体重不到 60 公斤的我早早患上了高脂血症和高胆固醇

症，肠胃功能比较弱，头发掉得比我爸还厉害，满脸的皱纹也严重耽误了我的网红梦想……总之，保持良好的身体状态再去努力才是重点。

多年的写作经历告诉我，论文写作的的确确是非常摧残身心健康的工作，而学术性书写也决定了你并没有多大的空间去天马行空，必须把你的所思所想统统压缩到一个八股文一样的、中规中矩的格式体例中。学术论文的发表本身又是一个小概率事件，你经历那么多的痛苦，你搜肠刮肚、呕心沥血、夜以继日、废寝忘食写出来的论文，很有可能就只能乖乖躺在电脑硬盘里自生自灭。

如此说来，其实每个人都是很有勇气的，居然走上了这样一条布满荆棘、崎岖不平、一眼望不到边的苦难之旅。但也恰恰因为这种情况，才更应该懂得确保身心健康的重要性，从一开始就要努力做到身心愉悦并且不断调适，否则，迟早都会为此付出代价。

你现在读到的这个内容是距离论文写作最远的部分，但是在我看来，这又恰恰是最重要的部分。

身心健康的逻辑永远要高于学术成长的逻辑。你要面对的其实并不是一篇又一篇的论文，以及附着在这些论文上的那些中标科研项目、成功晋升职称、获得博士学位等阶段性的世俗目标。你要面对的，其实是漫长而艰难的人生。

无论如何，人生是一场“无限游戏”，学术成长则是一时一事上的得失，不要为了阶段性的目标而损耗你的身心健康。

目标准备，“以终为始”来制订论文写作与发表计划

如果心理准备和身体准备是保障性的、外围的，目标准备和文献准备，则算是进攻性的，并且进入内核了。

目标准备，就是在你确定好论文选题，还没有开始写作的时候，对“我要把这篇论文发表在哪个期刊上”的问题做出一个预判。这种预判应该包括内外两个层面。一个是向内探索，问自己，你最希望把这篇论文发表在哪个期刊上；另一个是向外搜寻，了解一下近年来你马上就要开始写作的这个选题的相关论文都发表在哪些期刊上了。这种目标准备工作更有利于论文的发表。

向内探索层面，就是要问自己：我最希望把这篇论文发表在哪个期刊上？这种探索会让你清楚自己真正想要的是什么，进而用这个目标去激发自己全部的写作能力、热情与勇气，朝向目标前进。

你学术论文的产出过程，就是一次又一次满足内心美好期待的过程。应该是在十几年前吧，我在东北某省会城市某大学图书馆的期刊阅览室，翻阅着那一本本让我心驰神往的学术期刊，一边阅读刊发在期刊上的论文，一边在内心深处涌起力量。我在想：如果哪一天我也能在这个期刊上发表一篇论文，那该是一件多么美妙的事情啊。

我相信你也会有同样的经历与期待。每个人在学术成长道路上所经历的，其实都不是单独事件——这是大家共同的经历，只是你并不知道彼此的存在。

比如，你希望眼前要着手写作的这篇论文能发表在北大核心期刊上，或者 CSSCI 期刊上，这当然很好。但是我建议把这个目标制定得再精准一点、聚焦一点，最好直接就是某个期刊。原因很简单，越明确的目标，越容易指导行动。

比如，你希望自己的论文可以发表在某北大核心期刊上，你从未在这个期刊上发表过论文，而这个期刊你已经关注很久了。此刻的你十分确定，能在这个期刊上发表论文，是你梦寐以求的事情。设定一个具体目标期刊的好处在于：接下来，你就可以用这个目标作为结果，"以终为始"地倒推回来，开始论文的写作。目标越明确，你的行动就会越有效率。

比如，老鹰在捕捉野兔的时候，猎豹在追击羚羊的时候，从来都是认准一个目标盯住不放的。如果它们犹豫不决、顾此失彼，很快就会被饿死。人类的祖先在非洲大草原上狩猎的时候，也是认准一匹野马拼命追，一口气追出去四五十里地，最后野马实在跑不动了，仰天长啸、倒地身亡。

论文写作的道理也是如此：越有明确的目标，就越能在写作过程中有意识地让这篇论文和你预期发表的目标期刊之间进行一种磨合。注意，这是边写边磨合的，甚至是在写作之前就开始按照目标期刊的发文风格和行文规范来进行构思。这样做的好处就是，你大概率会写出一篇符合目标期刊用稿要求的论文。

怎样才能做到这一点呢？对此我想给出两点建议。

第一点，要善用学术文献数据库来进行期刊信息的检索。中国知网里有一个期刊导航的板块，万方数据库里也有期刊信息查询栏，在这些数据库里一般都会有对学术期刊的介绍，包括该期刊的主办单位、出版周期、期刊层次级别、投稿方式等，这些信息会为你选择目标期刊提供一个参照。

另外，我还要把我好朋友创办的公众号“期刊投稿指南”推荐给你。它收录了超过11000种中文期刊的信息，只要你把目标期刊的名称发送到这个公众号的后台，后台就会自动匹配并回复关于这个期刊的基本信息，包括期刊的主办单位、是否入选CSSCI来源期刊或北大核心期刊以及投稿地址等。你可以根据自己的需要选择是否关注。

第二点，要去了解一下目标期刊的《投稿须知》和《征稿启事》。只要目标期刊曾经刊发过《投稿须知》和《征稿启事》，这些内容在学术文献数据库中都比较容易获得。通过阅读《投稿须知》和《征稿启事》，就能清楚地了解目标期刊的栏目设置，以及它对投稿论文在选题、字数、体例规范、行文格式、内容等方面的要求，从而做到知己知彼、百战百胜。

下面再来说说向外搜寻层面。这就要先了解一下，近年来和你正要开工写作的这个选题高度相关的论文都发表在哪些期刊上，以此校验你向内探索时确定的目标期刊是否可行，最终敲定论文发表的目标期刊。

比如，你非常希望把自己这篇论文发表在某个学术期刊上，但通过学术文献数据库的期刊检索发现，这个期刊在最近三年甚至五年内，压根没发表过与你这篇论文选题相关的文章。如果真的是这样，我就建议不要把这个期刊作为自己的目标期刊了。因为一般而言，从未发表过某个选题文章的期刊，以后不发表这个选题文章的概率是非常大的。可能是它的栏目设置就没有这个选题的刊发空间，或者是期刊选题的偏好和你的定位不一致。所以我建议放弃这样的目标期刊，在学术文献数据库的检索中重新选择自己的目标期刊。

该如何来做呢？还是回到文献数据库做一下检索功课。

以中国知网为例。比如，你的选题关键词是“女性意识”，那么，你去检索一下看看，近年来都有哪些学术期刊发表过以“女性意识”为篇名的论文。具体操作步骤是：打开中国知网，在检索框的左侧点击选择“文献检索”，右侧点击“高级检索”。然后在跳转页面的检索框的下面选择“中文”和“学术期刊”，在最上面的检索框左侧选择“篇名”，在检索框中键入“女性意识”，最后点击“检索”。

之后，在检索结果页面，点击左侧的“期刊”下拉菜单。如图 2-1 所示，刊载过以“女性意识”作为篇名的文章期刊名录就展现在眼前了。

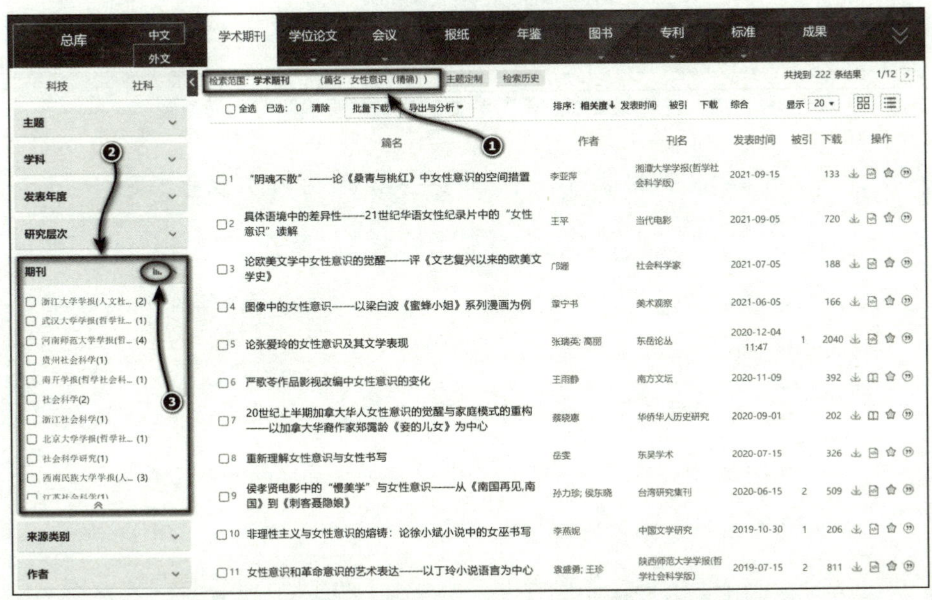

图 2-1 刊载“女性意识”论文的期刊构成页面截图

你还可以点击“期刊”下拉菜单旁边的“可视化”按钮，如图 2-2 所示，一个新的页面就展现在你眼前了：这个饼状图直观展现了发表“女性意识”论文的期刊构成情况及分布比例。

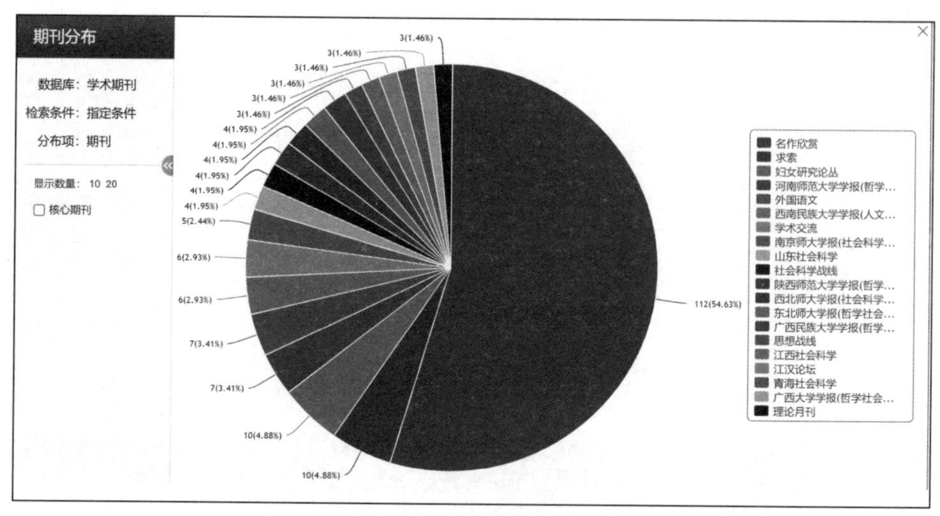

图 2-2　刊载“女性意识”论文的期刊“可视化”页面截图

之后，可以点击这些期刊中自己想进一步了解的期刊名称，发表在这个期刊上的有关“女性意识”的论文就显示出来了。然后，还可以继续了解包括期刊层级在内的这个期刊的基本信息，看看是否可以作为你的目标期刊。

如果“心理准备”部分提到的“提高抱负水平”是一个原则性的建议，那么，“目标准备”则是把这个原则具体落地，落实在期刊上。

目标准备包括两个层面。一个是向内探索，问自己：我最希望把这篇论文发表在哪个期刊上？一个是向外搜寻，通过对文献数据库的检索了解与你选题相关的论文都发表在哪些期刊上了。两个层面的工作相结合，最终确定论文发表的目标期刊。

这样做是在用一个在目标期刊发表论文的结果，“以终为始”地倒逼自己进行论文写作。这样的写作更有针对性，写出来的论文也更容易被发表。

文献准备，通过数据库检索获得“巧妇”下炊之“米”

无论你的选题多有价值，你的身心多么健康和愉悦，投稿期刊的目标有多明确，如果没有文献作为支撑的话，一切都是徒劳。一篇论文之所以被称为论文，是要与学界进行交流和对话的，没有文献的支撑，那就成了自说自话，甚至是痴人说梦。

巧妇难为无米之炊。文献对于论文写作的重要性，就相当于“米”对于“巧妇”。纵然浑身是胆、满怀豪情，没有文献支撑，就只能是个“无米的巧妇”。因此，在论文写作前，一定要做一下文献准备的工作。

文献准备，一般而言就是通过文献数据库的检索来获取支撑论文写作的核心文献。为此，知道去哪里找文献，以及如何找到文献，就是学术训练的基本功了。客观地讲，除了“冷门绝学”之外，现在获取文献的门槛已经非常低了，学术文献正以前所未有的速度和规模电子化、网络化、数据化。可检索+可下载，已经成为学术文献的标准配置。

通过数据库进行文献检索的时候，有两点需要提醒你注意：一个是检索文献的自身质量要尽量有保障，无论是作者、发表期刊的层次，还是期刊社的口碑与美誉度等方面，都要尽量做到“高端大气上档次”；另一个是要让检索文献努力做到“高相关”，也就是你检索到的文献要与论文选题具有高相关性，可供论文写作过程中进行引用和参考，是能够真正撑得起论文选题的文献。

先来介绍几个国内主流学术文献数据库和学术资源网站。这些数据库和网站包括但不限于：

中国社会科学网子网站导航（http://www.cssn.cn/cssnzwdh/）

中国社会科学网子网站导航　社科网首页 | 人文社区 | 学术博客

快速入口：中国社会科学网　职能部门　文哲学部　史学学部　经济学部　社会政法学部　国际研究学部　马研学部

中国社会科学网子网站入口　QQ交谈

职能部门

中国社会科学院办公厅 BGT.CSSN.CN
中国社会科学院科研局/学部工作局 KYJ.CSSN.CN
中国社会科学院人事教育局 RSJ.CSSN.CN
中国社会科学人才网 RENCAI.CSSN.CN
中国社会科学院财务基建计划局 CAIJJ.CSSN.CN
中国社会科学院老干部工作局 LGJ.CSSN.CN
中国共产党中国社会科学院直属机关... ZHSHJGDW.CSSN.CN
党建理论阵地网 DJZD.CSSN.CN
胡绳青年学术网 HUSHENG.CSSN.CN
青年人文社会科学研究中心 CHSSYS.CSSN.CN
中国廉政研究网 CACRC.CSSN.CN
中国社会科学院办公厅(内网) BGTS.CSSN.CN
中国社会科学院财务基建计划局(内网) CAIJJNW.CSSN.CN
中央纪委驻中国社会科学院纪检组(内网) SKJZ.CSSN.CN
中国社会科学院人事教育局(内网) RSJNW.CSSN.CN

图 2-3　中国社会科学网子网站导航页面截图

国家哲学社会科学学术期刊数据库（http://www.nssd.cn/）

图 2-4　国家哲学社会科学学术期刊数据库页面截图

中国知网（http://www.cnki.net/）

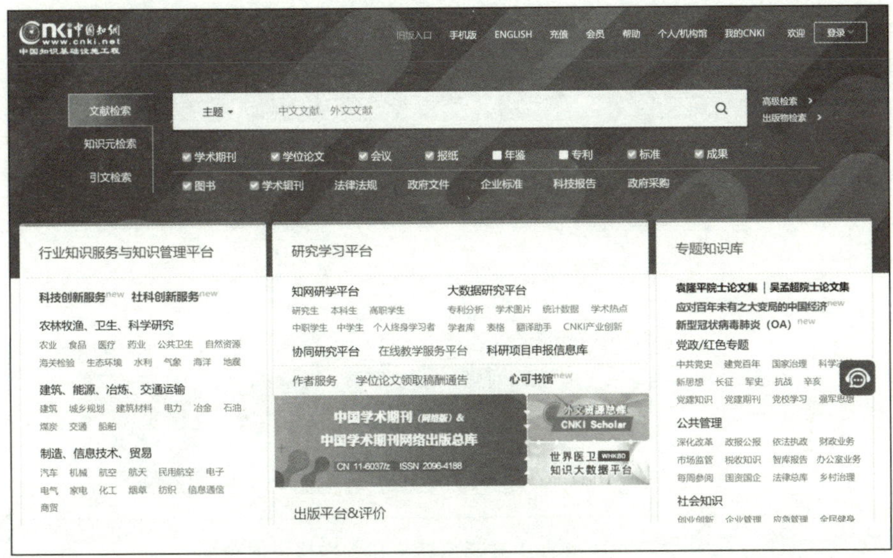

图 2-5　中国知网页面截图

万方数据知识服务平台（http://www.wanfangdata.com.cn/）

图 2-6　万方数据知识服务网站页面截图

人大复印报刊资料全文数据库（http://ipub.exuezhe.com/index.html）

图 2-7 人大复印报刊资料全文数据库页面截图

中国国家图书馆·中国国家数字图书馆（http://www.nlc.cn/）

图 2-8 中国国家图书馆·中国国家数字图书馆页面截图

……

这里需要提示的是，上述文献数据库和学术资源网站中，中国社会科学网子网站导航还在建设中，它的目标定位是要打造全球最大的学术门户网站，发展前景不可限量；而其他数据库，只有国家哲学社会科学学术期刊数据库是提供免费下载服务的，用户注册后，一个账号一天内可以免费下载50篇文献，它所收录的文献质量一般都还不错，属于中等以上。其他网站下载文献的服务都是收费的。人大复印报刊资料全文数据库应该是最贵的，它连免费检索的服务都不提供——其实想想道理也很简单，因为这个数据库是转载文献数据库，你一旦检索到了需要的文献，是可以直接去其他数据库进行下载的。

如果你所就读或工作的单位购买了上面这些数据库，那自然就没有任何问题了，直接登录上去下载就好；如果单位没有购买，你又确实有需要，那就只能付费下载。

上面这些数据库如何检索和下载，留给你自己探索。我介绍一下中国知网的学术期刊检索功能。

每个人的数据库检索偏好是不一样的，我比较喜欢用中国知网。虽然中国知网的服务和收费饱受诟病，但是它有它的好处。尤其是在经历这些年的两次改版后，它的检索界面友好了很多，检索功能也有了很大提升。

个人感觉，对于中文社科类专业而言，中国知网作为一个不错的学术文献数据库，一个了解研究现状、提供即时检索与下载服务的学术文献数据库，它基本上是能够担当得起来的。

在这里，我还想重点说一下与“找到支撑你论文选题的核心文献”最为相关的两个检索项，分别是“来源类别”和“被引”。其他选项留给你自己去探索，这里不再展开说明。

先来看看“来源类别”选项。打开中国知网主页，依次点击“文献检索”→“高级检索”，在检索页面点击“学术期刊”。如图 2-9 所示，在截图中间偏下方框里的部分，是期刊的“来源类别”检索项。

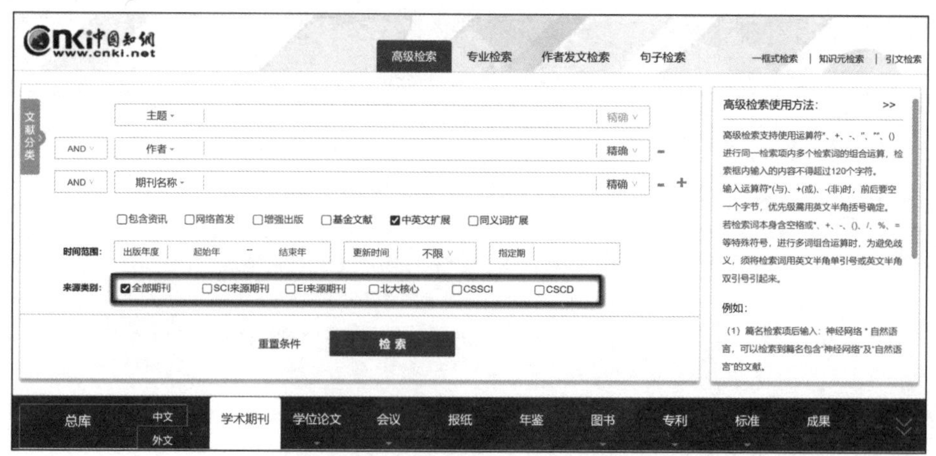

图 2-9　中国知网检索页面的“来源类别”截图

如果在进行学术期刊论文检索的时候，选择“全部期刊”，那检索范围就是全部期刊。如果想要有点针对性，比如，只检索被北大核心和 CSSCI 期刊收录的论文，就可以只勾选这两项，也可以只勾选一项，这样检索出来的结果，就是所选类别期刊上发表的相关论文。

建议你在进行学术期刊论文检索的时候，先只勾选“CSSCI”。如果检索到的论文数量偏少或感觉相关度不高，可以考虑再扩展到“北大核心”，这样做的好处是用期刊的层次限定来过滤掉质量不高的论文。因为从概率上看，发表在 CSSCI 期刊的论文质量更有保障，北大核心期刊，特别是普刊上的论文质量则要逊色很多。别怪我戴有色眼镜去看待发表在不同层次期刊上的论文，因为这种做法虽然会遗漏个别好论文，却会帮你节省大量评价论文质量的时间和精力。另外只选择 CSSCI 期刊论文还有一个好处，那就是这些文献一旦在论文写作中被你引用，会显得你的论文也比较“高端大气上档次”。因为你引用论文的层次，基本决定了你论文的层次。这个问题在讲参考文献的时候再展开讨论。

再来谈谈“被引”选项。在键入想要检索的文献关键词之后，点击“检索”按钮，如图 2-10 所示，在检索结果页面底部靠右侧一点，能够看到“被引”选项。

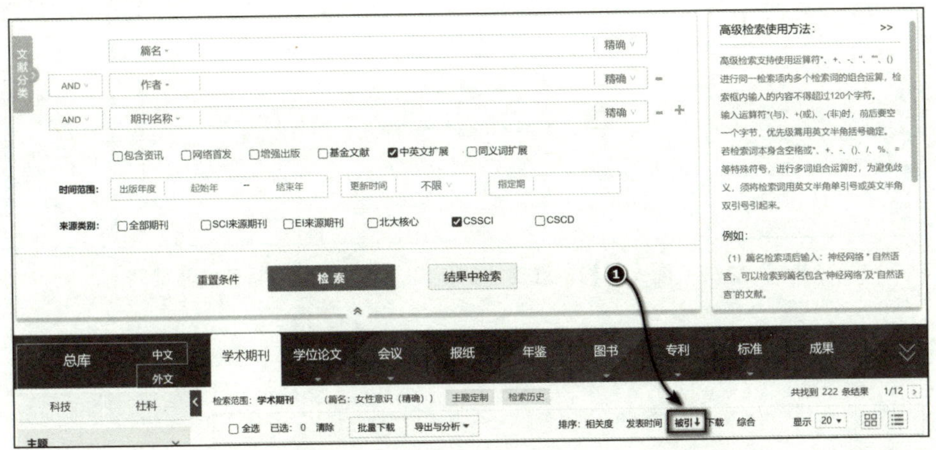

图 2-10　中国知网检索结果页面的“被引”选项截图

这个选项的厉害之处在于：点击之后，系统就会对检索结果按被引频次由高到低进行排序。这意味着越靠前面显示的论文，被引频次越高，这大致也说明了这篇论文的学术价值较高，被学界同行注意到并且进行了引用。

比如，选题的关键词是“国家建构”。那么，如图 2-11 所示，在检索页面的来源类别中选择“CSSCI”，然后对检索结果进行“被引”降序排列。这样，与论文选题的关键词最为相关且最具学术价值的论文就被找到了。

总库 中文 外文 | 学术期刊 学位论文 会议 报纸 年鉴 图书 专利 标准 成果

科技 社科

主题 学科 发表年度 研究层次 期刊

□ 开放时代(4)
□ 中国农村观察(2)
□ 清华大学学报(哲学社... (1)
□ 世界经济与政治(1)
□ 新疆师范大学学报(哲... (2)
□ 法学(1)
□ 近代史研究(2)
□ 武汉大学学报(哲学社... (1)
□ 南京社会科学(1)
□ 学术月刊(3)

来源类别 作者

检索范围：学术期刊 （篇名：国家建构（精确）） 主题定制 检索历史 共找到 272 条结果 1/14

□全选 已选：0 清除 批量下载 导出与分析 排序：相关度 发表时间 被引 下载 综合 显示 20

	篇名	作者	刊名	发表时间	被引	下载
1	现代国家建构中的非均衡性和自主性分析	徐勇	华中师范大学学报(人文社会科学版)	2003-10-27	255	3683
2	治理与国家建构的张力	郁建兴	马克思主义与现实	2008-02-15	223	3828
3	现代国家建构与农业财政的终结	徐勇	华南师范大学学报(社会科学版)	2006-04-25	145	1285
4	国家建构和民族建构:内涵、特征及联系——以欧洲国家经验为例	王建娥	西北师大学报(社会科学版)	2010-03-05	88	2470
5	基层民主:国家建构民主的中国实践	林尚立	江苏行政学院学报	2010-07-10	82	4567
6	国家治理与国家审计:基于国家建构理论的分析	廖义刚; 陈汉文	审计研究	2012-03-28	78	2767
7	从参与民族国家建构到返归乡土语境——评20世纪的中国乡民艺术研究	张士闪	文史哲	2007-05-24	63	893
8	群众路线与现代中国的国家建构——纪念中国共产党成立九十周年	郭为桂	东南学术	2011-07-01	62	3428
9	现代国家建构与土地制度变迁——写在《物权法》讨论通过之际	徐勇	河北学刊	2007-03-20	59	1343
10	现代国家建构与中国乡村治理结构变迁	许远旺; 陆继锋	中国农村观察	2006-09-20	53	2201
11	左润诉王银锁:20世纪40年代陕甘宁边区的妇女、婚姻与国家建构	丛小平	开放时代	2009-10-10	51	1266

图 2–11 “国家建构”选题“CSSCI”+“被引”检索结果截图

以上介绍的只是最为基本的检索步骤。你还可以对检索结果进行优化和细化。比如，想了解近三年相关论文的发表情况，就把发表时间进行限定；想了解某位作者的发文情况，就把作者名字键入检索框里；想了解与“文化”相关的“国家建构”论文，就把“文化”写在“并含”检索项的后面。

总之，利用“来源类别”“被引”两个主要检索项，辅以“主题 / 篇名 / 关键词”“并含 / 或含 / 不含”“精确 / 模糊”以及起止时间等多重检索条件的组合限定，一般能够检索到与选题方向最为相关的，同时也拥有高质量保证的学术论文。

如果你是“人大复印报刊资料全文数据库”的付费用户，或者你所在的单位购买了这个数据库，也可以去这里进行一下查漏补缺——毕竟能被人大复印报刊资料全文转载的论文，基本都是该学科研究前沿的代表性成果。这样一来，那些发表在非 CSSCI 期刊上的高质量论文也将被你找到，可以为你所用。

那么，如何找到高价值且高相关的学术专著呢？我的答案是：去你检索到的高质量学术论文的参考文献里寻找——那些被多篇高质量论文反复引用的学术专著，才是真正值得你去参考、能够支撑你论文写作的核心文献。

通过文献数据库检索获得“巧妇”下炊之“米”，是进行文献准备的关键。为此，你需要掌握通过主要文献数据库进行检索和下载文献的基础能力。

在你用得最为顺手的文献数据库里，通过“学术期刊”“篇名”“CSSCI”“被引”等多重检索条件的组合限定，容易找到与你论文选题最为相关的高质量学术论文。

在你检索到的学术论文的参考文献中，出现频次最高、被多篇论文反复引用的那些学术专著，就是支撑你论文写作的核心文献。

第三章

篇 头 写 作

用题目、摘要和关键词打造竞争力

经过“选题策略”和“写作准备”两章内容的介绍，终于开始讨论论文写作了。出于讨论和交流上的需要，我打算按一篇论文的“结构化次序”来进行拆解说明，也就是按一篇论文的各个结构要素出现的先后顺序来展开介绍。本章就讨论一下论文篇头——题目、摘要和关键词的写作经验与技巧。

规范 + 精确 + 酷炫，题目设计的“金字塔”结构

一篇论文最重要的部分是什么？我的回答是：题目。

我愿意对自己的答案给出如下理由：题目是一篇论文的“颜值”，是给别人留下美好印象的起点。在“颜值即正义”的时代，如果题目有硬伤，那对不起，这篇论文的命运注定是多舛的。想象这样一个场景：当你和相亲对象第一次见面时，发现对方居然没有眉毛，你会是什么感觉。论文的题目就像人的眉毛一样重要。

论文若没有好的题目，编辑在看到第一眼的时候就有可能放弃它。就算历经磨难终于见刊，没有好的题目，它就只能在各个文献数据库里静静地躺着，没有人愿意点击查看，更没有人愿意下载阅读。一句话，没有好的题目，你的论文很可能发表不发表都一样，对学界无法提供显著的学术增量。

那么，如何提升题目的“颜值”，让它成为论文头顶上高悬的那颗璀璨的明珠呢？我想给出论文题目设计的三种境界，希望可以帮到你。

第一种境界：规范。

我觉得这是最为基础的一个境界了，也是一个起码的要求，是论文题目设计的底线。那么，什么叫规范呢？比如，正标题（包括标点符号）一般不超过 20 个字，这是一个学界约定俗成的标准。有的期刊会在《投稿须知》和《征稿启事》中做出明确说明。如果确有必要，可以加副标题。

比如，要确保论文的研究对象或核心议题在题目中处于主语的位置，而不能是定语，不能是助词，更不能是修饰词，它必须是主语。

再比如，用词要规范，语句要通顺，表意要明确；符合学术惯例和学

界共识，使用学理化的表述方式；等等。

第二种境界：规范＋精确。

达到这种境界的论文题目，在具备规范性的同时，具有高度的概括性和表意的准确性。论文的题目是非常见功力的，它所要完成的工作是：如何在有限的字数范围内，对这篇论文进行高度概括。这是需要下很大功夫才能做到的。达到这种境界的题目，一般一眼看过去，就知道这篇论文在写什么，是在哪个学科、方法和视角下写成的。

人们往往会对自己不懂的事情夸夸其谈，而对自己深入了解的事情沉默不语。就好比你问我小学六年级的女儿“什么是爱情”，她能眉飞色舞地给你讲上半天；而如果你问我同样的问题，我基本就只能尴尬而又不失礼貌地微笑了。

对于论文而言，道理也是这样：如果让你就自己这篇论文的内容聊一上午，这很容易；但如果让你在一分钟之内概括这篇论文，就很有难度了。你要做的是：用 20 个字，加上副标题最多也就 40 个字，概括这篇论文的主要内容。也正因为如此，题目很能体现一个人的学术功力。

论文题目设计是一个长期积累、循序渐进的过程，读得多了，想得多了，写得多了，反复练习、刻意练习，自然在论文题目的设计上会有质的飞跃。

第三种境界：规范＋精确＋酷炫。

规范和精确这两种境界，一个是基础性的，一个是技术性的，而酷炫这种境界其实是属于锦上添花了。所谓酷炫，也就是如何让论文的题目更吸引人、更感染人，更能激发编辑和读者的好奇心。你肯定有这样的体会：在文献数据库翻阅检索结果的时候，一个好的题目往往会让你眼前一亮。所以酷炫的境界还是值得去追求的，只是你不能舍本逐末，为了酷炫而酷炫，忘记了题目的规范和精确。

因此，对于酷炫，我的建议是：能做到当然最好，如果做不到或担心适得其反，也不必为此冒险。毕竟论文还是"内容为王"，片面追求酷炫的题目，就算吸引了编辑的注意力，但金玉其外、败絮其中的论文肯定骗不过编辑和评审专家的眼睛。终究论文还是要以质取胜的，不是让编辑和评审专家交智商税的"智"，而是质量的"质"。

如图 3-1 所示，论文题目设计的这三种境界步步深入、层层递进，构成了一个"金字塔"结构。论文的题目越处于这个金字塔结构的上层，就越是成功的好题目。

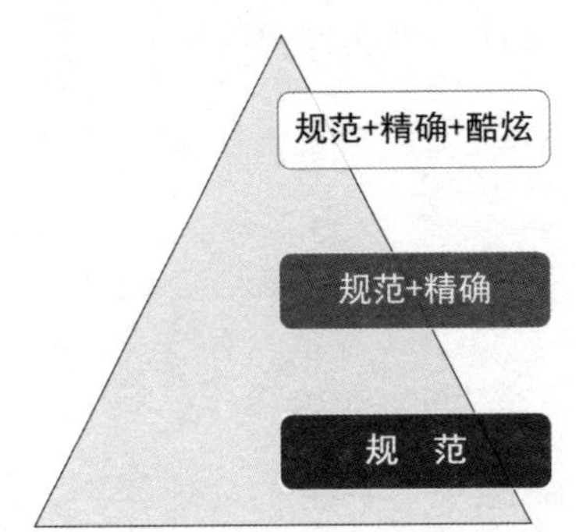

图 3-1 论文题目设计的"金字塔"模型图示

这个"金字塔"模型也在提醒你，一旦拥有一个"规范 + 精确 + 酷炫"的题目，你的论文也就比较容易从众多的论文中脱颖而出，因为它占领了金字塔的塔尖。

下面一起来做道选择题进行分析，看看下面给出的几个题目中，哪一个最好。

a. 未成年人肥胖原因之我见

b. 作为未成年人的小胖因何肥胖：一个医学人类学视角下的分析

c. 医学人类学视野中的未成年个体肥胖成因管窥——以小胖为个案

d. 小胖三个月胖了 60 斤，他是如何做到的？

先看 a 选项，“未成年人肥胖原因之我见”。我觉得这是一个非常老套的论文题目表述方式，又像是一篇中学生议论文的题目。作为学术论文，一般能驾驭得了这种题目的往往都是老学究，或者是在学界某个领域德高望重的重量级学者，这类作者在各自的领域内都是很资深的。使用这类题目的另一类人就是初出茅庐、初生牛犊不怕虎的科研“小白”。以前我给本科生上课的时候，有些本科生提交课程论文时，上来就是“什么什么之我见”，我觉得特别有意思，因为我参加工作后写的第一篇论文也是“之我见”，是《知识经济条件下课程改革方向之我见》。如果你是新手，还很年轻，哪怕已经是学界新锐了，我也不建议你去选这样一类题目的表达方式。

再看 b 选项。这个选项要明显好于 a 选项，至少一看就是一篇论文题目该有的样子，但问题在于超过了 20 个字。而且，就算是把冒号变成破折号，把后面的内容变成副标题，我也不会选择它，因为研究对象在这个题目中并不是主语。这篇论文的研究对象是未成年人的肥胖问题，而不是小胖，而选项 b 的主语是小胖，所以，这个选项显然是不合适的。

下面看 c 选项。相信这个时候你已经知道 c 是这里最适合的论文题目了。如果没有 c 做参照，那 b 也勉强可以选——当然，这也意味着论文的题目有非常大的提升空间。虽然 c 选项里有一个副标题，但是无论正标题、副标题还是两者之间的关联都做得很到位，你很容易通过题目知道论文要研究什么问题、用的是什么方法、是在哪个学科范畴内进行研究，而且它还有很强的学术味道，功力深厚，仔细琢磨还有那么一点酷炫。

d 选项就没有必要多说了，这是个典型的自媒体文章标题，和学术论文根本不搭边，当成论文题目是纯属搞笑。

最后，再提一个小建议：为已经完成初稿的论文至少设计五个题目，然后从中选出自己最满意的两个题目去找朋友们提提意见，看哪一个更好，然后把朋友们认为最好的这个题目，定为论文的题目。

题目是论文的“颜值”和第一印象，对论文能否发表、发表后能否被学界关注、能否产生影响力，往往具有决定性的影响。

一个好的论文题目有三种境界，由低到高分别是规范、精确和酷炫。先做到规范，把题目设计的基础做扎实；再去打磨题目，努力做到规范+精确，让题目看起来既专业又清楚；最后再开动脑筋，看能否做到规范+精确+酷炫，为论文题目锦上添花，吸引眼球。

内容学理化，这才是一篇论文摘要该有的样子

在讨论论文摘要该如何撰写的问题之前，先来确定一下基调：论文摘要究竟是什么？

我所理解的论文摘要，是对一篇论文围绕研究对象形成的主要观点与研究结论的集合展示。一篇论文写出来了，那么，这篇论文在针对研究对象所进行的这项研究中，形成了哪些主要观点？得出了哪些研究结论？把这些观点和结论写在摘要里就对了。

在此基础上，如果觉得确有必要，或者编辑和评审专家认为确有必要，还可以再说明一下研究背景（最多一句话），指出研究方法（最多一句话）。

在这一部分，我想重点强调一下摘要写作内容的学理化。

摘要内容的学理化，指的是这篇论文摘要在内容设计上应兼顾学术性和理论性。同时，这种学术性和理论性一般是建立在某个学科领域或专业视角的基础上的。学术性和理论性兼顾，再加上有学科专业的支撑，才是一篇符合学理化要求的摘要。

一篇摘要的内容是否学理化，主要是通过这篇摘要的研究议题、学术话语和理论视角三个维度得以体现的。

首先，就其研究议题而言，要看摘要所呈现的议题在性质上是否算是一个“学术问题”。社会科学的研究议题当然来自社会实践，然而一个具体的、生动而鲜活的社会现象要想上升为研究议题，还需要经过理论的概括和思维的抽象，才能成为具有研究价值的学术问题。

拿之前提到的论文题目来分析的话，如果你研究的只是“小胖为什么会发胖”，这就不是一个学术问题，而是一个“技术问题”，是如何诊断和治疗的问题。具体来讲，这个问题是医生通过询问、观察、检查和化验等一系列操作来获取小胖的个人信息和数据，进而做出诊断，然后对症下药。但如果你是通过小胖这个典型个案来研究“未成年人肥胖问题”，这就是个学术问题，它所关注的是一个带有苗头性的，甚至是趋势性的社会问题，这就可以作为论文的研究议题了。

这里还需要提示的是：不能因为只有“学术问题”才能成为研究议题，就勉为其难为了学术而学术，认为只有那种纯粹理论和思辨性质的问题才能成为研究议题。这种想法是误解了“学术问题”，有矫枉过正之嫌，也要尽量避免。

第二，就其学术话语而言，摘要中所使用的话语应该是典型的学术语言，它是不同学科与不同研究议题在其自身的发展演进过程中逐渐形成的，被业内公认的概念、知识、理论、范畴、方法等的总和。不能有效掌握和运用学术语言进行摘要的写作，在很大程度上说明你并不了解该学科和该议题，说得不客气点，你是圈外人、是外行。

还是回到“未成年人肥胖问题”，如果你的摘要写成下面这个样子，恐怕是要被编辑鄙视的：

小胖是我乖儿子，今年读初中二年级，15 岁，学习成绩还不错，身高 1 米 62 也还挺好的，可就是这体重简直逆天了，已经达到 180 斤。当我带我乖儿子去医院检查的时候，发现有很多相似情况的半大小子也面临肥胖的问题，然后我突然意识到：哇！这原来是个带有共性的问题啊……

怎么样，是不是不用我再往下编了？不掌握学术话语对于摘要的坏处，简直是毁灭性的。

同时也必须强调一下，所谓的学术话语，自然是指要用专业的语言讲专业的问题，但绝不等同于一定要把摘要写得晦涩难懂、高深莫测。使用学术话语的目的是用业内约定俗成的表述方式来交流思想、解决问题，而不是故弄玄虚、故作高深。

第三，就其理论视角而言，摘要中应该带有（哪怕若隐若现）观察研究议题的理论工具，以此划定本项研究议题的站位与立场。任何一种社会科学理论都为研究者观察认识社会提供了一个独特的视角，理论为研究者观察研究议题提供了视角，同时也限定了观察的边界和方式。

前面讨论的有关“未成年人肥胖问题”的那四个论文题目中，最佳选项是“医学人类学视野中的未成年个体肥胖成因管窥——以小胖为个案”。这个题目里也是包含着理论视角的，那就是“医学人类学视野中”。这种情况下，在摘要中再强调一下这个理论视角是非常有必要的；而对于题目中如果没出现理论视角的论文，确保在摘要中出现理论视角是一项必须完成的工作。

这里其实还有一个问题：理论视角是越多越好吗？我的观点是：最好一篇论文只运用一个理论工具，保证一项研究议题只有一个理论视角。甚至以后要出版学术专著了，动辄20多万字，我也建议你把一个理论工具贯彻到底，通篇只用一个理论视角来说事儿。单一理论视角当然有它的问题，因为任何理论都是有瑕疵的，也有其特定的运用场景和条件，但多理论视角会导致研究议题失去站位和立场，容易陷入“公说公有理，婆说婆有理”的相对主义泥潭。

从内容上看，一篇高质量的论文摘要应尽量保证学理化，也就是摘要在内容设计上应兼顾学术性和理论性。学术性和理论性兼顾，辅以学科专业的支撑，才是一篇符合内容学理化要求的摘要。

一篇摘要的内容要想做到学理化，从研究议题上看，摘要所呈现的研究议题应该是一个“学术问题”，而不能是一个“技术问题”；从学术话语上看，摘要中所使用的话语应该是典型的学术语言，是被业内同行公认的概念、知识、理论、范畴、方法等的总和；从理论视角上看，摘要中应该带有且只能带有一个观察研究议题的理论工具，并以此划定本项研究议题的站位与立场。

形式规范化，摘要写作别小瞧“颜值即正义”的力量

论文摘要的写作形式除了注重“内容学理化”之外，还要尽力做到“形式规范化”。形式和内容同样重要，甚至有时候形式要比内容更重要。因为如果形式有瑕疵，很可能直接就被毙掉，根本没有机会用论文内容去征服编辑。

如果编辑和你的组稿、约稿、征稿函往来不断，你也就不必看这本书了。这本书是帮助科研“小白”在放弃之前做最后一次挣扎的，真的不适合战绩辉煌的你。如果选择自由投稿，我只能告诉你一个冰冷的事实：一般 CSSCI 期刊能有 4% 的用稿率就算不错了，有些期刊的用稿率还要更低，甚至要低一个数量级。

想想看，如果你是某个 CSSCI 期刊的编辑，只要你登录审稿系统或打开投稿信箱，就是满屏花花绿绿的投稿。那么，你会认真阅读一篇连摘要的形式规范都做不好的论文吗？杨澜的那句话可不是说着玩的——“没有人有义务透过你邋遢的外表去发现你美好的内在”。论文摘要的形式都做不规范的话，你还指望编辑采用你的稿子？

那么，摘要的形式规范都有哪些呢？

还记得在第二章“写作准备”模块谈到的“目标准备”吗？很多期刊都会把对投稿论文的要求明确写在《投稿须知》或《征稿启事》中，这里自然也有对论文摘要形式规范的说明。这些内容，一定要认真去看、去执行。

第一，消灭错别字、标点符号错误、常识性错误，确保每句话都通顺。是的，我知道这是小学语文老师对学生写作文的基本要求。但是我不

得不说，经验告诉我，很多在读硕士、在读博士、在站博士后甚至副教授、教授连这一点都做不好。别说我夸大其词，好歹我也是有过累计 2000 个小时、500 多篇论文 / 学位论文评阅经验的人。出现这些问题，真的是大概率事件。

过不了形式规范关，就没办法与编辑、外审专家交流和商榷学术问题。而不能交流和商榷学术问题，就难以按他们的意见修改论文，也就无法发表论文。

第二，从字数来看，论文摘要一般是在 150—300 个字，这些年有逐渐增加的趋势。摘要字数增加的这种趋势其实也很好理解：想想以前，论文正文写到 8000 到 1 万字（甚至六七千字），投稿 CSSCI 期刊并被发表的机会总还是有的，现在基本都是 1.5 万字起步了。虽然论文变得越来越长没有实际意义，但是如果论文变长已是既成事实了，你无法左右，那么摘要按比例增加就是再正常不过的事儿了。

摘要过短，就无法呈现前面的“内容学理化”部分提到的那些内容，也难以发挥摘要的功能；摘要过长，也就不再是摘要了，放水了，也就失去了它的价值。

第三，言简意赅、逻辑自洽地把学理化的内容展示出来。是的，你没看错，这也是形式问题，只是相对于没有错别字、没有标点符号错误和语句通顺而言，这是要求更高的形式问题。比如，不能在论文摘要里出现这样的逻辑：不想当军官的士兵不是一个好厨师。

论文摘要的文字在组织的时候，要注意构成摘要的这些观点和结论之间并不是简单的、没有关联的堆砌，而是有一定内在逻辑和联系的。摘要应紧密围绕论文的研究对象来展开，形成一个有明确内在关联的完整组织结构。构成摘要的每句话之间都有内在逻辑关联，这个段落整体看下来，逻辑应该是自洽的。

第四，摘要的表述方式应尽量使用不容置疑的判断句和陈述句。在论文的具体行文中，在进行观点阐述和逻辑论证的时候，可以大胆假设、小心求证，语气谦恭一些，商榷着来写；但是在论文摘要的部分就不要客气了，一定要给人一种确定性，用不容置疑的口吻来行文。

我举个例子，你来感受一下。

差的行文方式是：

这本书大概也许没准差不多有可能说不定对你论文写作能力的培养和提高产生积极正向作用。

好的行文方式是：

这本书能提高你的论文写作能力。

每个人都要对自己论文摘要的“外表”负责，别让它阻挡你学术成长的脚步。

论文摘要的形式和内容同样重要，甚至形式比内容更重要。

摘要写作要想做到形式规范，至少包括以下四点：第一，消灭错别字、标点符号错误、常识性错误，确保每句话都通顺；第二，从字数来看，论文摘要一般是在150—300个字，这些年有逐渐增加的趋势；第三，言简意赅、逻辑自洽地把学理化的内容展示出来；第四，摘要的表述方式应尽量使用不容置疑的判断句和陈述句。

功能独立化，实现摘要从“说明书”到“作品”的转变

前面谈过，摘要是对一篇论文围绕研究对象形成的主要观点与研究结论的集合展示。如果确有必要，还可以再说明一下研究背景，指出研究方法。这其实是对摘要“是什么”的定位。然而很多时候，仅仅知道“是什么”是不够的，还要知道“为什么”。也就是说，论文为什么需要摘要呢？

这就涉及论文摘要的功能问题了。

一篇合格的摘要，应该帮助读者在还没开始阅读这篇论文的时候，就能知道论文在研究什么，形成了哪些主要观点，得出了哪些研究结论；让读者明确，通过论文的阅读能收获什么。这就有点像产品说明书，要对产品的用途、规格、性能和使用方法等进行文字说明，只不过产品说明书一般都是分条目开列，而论文摘要一般是一个段落。

比如，大家十分熟悉的口罩，我随手在百度上搜了一下，把结果贴在这里：

【名称】通用名称：一次性使用口罩

【汉语拼音】YiCiXing ShiYong KouZhao

【成分】一次性使用口罩采用无纺布材料制成，鼻夹采用铝条或可塑性塑料制成，口罩采用无纺布或丙纶纤维包裹橡胶丝制成；口罩分为热合式与缝制式，按是否带鼻夹分为带鼻夹与不带鼻夹两种，按口罩带的形式分为系带式和松紧带式两种；口罩的层数为三层，按尺寸不同分为 3 种规格；缝制密度≥ 3 针 /10mm；无纺布质量≥ $18g/m^2$；无菌。

【适应证】供医疗卫生单位医务人员和医药卫生系统的其他卫生工作

人员作卫生防护用（非有创操作时）。

【规格】大、中、小

【批准文号】×食药监械（准）字20××第×××××××号

你瞧，这就是“基础款”摘要该有的样子。当然，这里的“批准文号”对应的是论文的“文章编号”，这个文章编号在论文发表的时候由编辑加上，作者不用管；中国知网及其他文献数据库收录的时候，还会给论文加一个“DOI”码。文章编号和“DOI”码就等于是产品获得了批准，可以在被批准的范围销售了。

那么，是不是写出一个“产品说明书”样式的摘要就万事大吉了呢？当然不是。在我看来，一篇高质量的摘要还要有更高的追求，那就是要把“产品说明书”变成“作品”，变成一个具有说明书功能又超越说明书的作品。

说明书是不需要文采的，但作品需要有文采；说明书不是在创作，而只是在介绍，但作品不仅需要创作，更需要精心创作，越是好的作品，越需要精心创作。再有，说明书为产品服务，帮助用户了解产品，以便产品更好地为用户提供服务；但作品本身就要为用户服务的。

最重要的是，说明书不能独立存在，它的功能在于介绍产品。产品丢了，只有一个说明书是没有用的。比如：你去乘坐公共交通工具，去人员密集的地方购物，不戴口罩，只带一个口罩的说明书是没用的，因为说明书无法帮你过滤空气中的粉尘和阻止飞沫的传播；而作品是可以独立存在的，它的存在本身就可以为用户提供服务，就好比你在前面的场景中没有戴N95口罩，但戴个医用外科口罩也是可以的。

为了让摘要成为“作品”，你该做什么呢？我的建议是：其一，不使用“本文旨在……”“文章主张……”“本项研究的价值在于……”“研究团队认为……”“论文指出……”之类的表述方式，因为这是典型的“说明书”话语，只要含有这些表述方式，摘要就无法获得独立地位；其二，不做自我评价，要记得你在写的这个段落是“作品”，评价的工作要留给读者去完成，不需要进行自我讴歌、自我表扬，用论文摘要来刷作者存在感的后果是很严重的，其中最严重的一个后果是论文无法发表；其三，在保证表意准确的基础上，努力增加摘要写作的创作感。要时刻想着我是在创作，创作就要增加文采，提升文字的美感。

经过内容学理化、形式规范化、功能独立化处理后的摘要会变得干货满满、营养丰富、诚意十足而且赏心悦目。想想看，如果你是编辑、外审专家或者读者，看到这样的摘要，是不是更愿意了解论文的正文了呢？论文被录用的机会增加了，发表后的影响力也会显著提升。

至此，有关论文摘要写作的技巧，从内容到形式再到功能我都介绍完了。

下面来实操一下，还是延续之前关于小胖肥胖问题的那个题目，看看如果是这个题目，摘要写成什么样子才会更好。

下面给出四个选项，来看看哪一个选项是最好的摘要。

a. 小胖为何发胖是一个极具现实意义的问题，迫切需要加强学术研究。本文作者以观察法进行长达两个月的跟踪了解，发现在小胖的生活方式中存在一系列需要改正的问题。这一发现对于了解小胖发胖的原因至关重要，同时也对以小胖为代表的未成年人的肥胖矫治具有积极意义。

b. 文章从医学人类学视角出发，通过对于未成年人小胖的观察式调查，得出如下结论：不良生活习惯是小胖肥胖的直接原因，此外，遗传因素、心理障碍、社会压力也是导致小胖肥胖的伴生性因素。小胖肥胖的矫治要从改变不良生活习惯做起，辅以积极正向的心理暗示和对社会压力的疏导。

c. 未成年人肥胖成因及其矫治极具现实意义。医学人类学的分析结论表明，不良生活习惯是以小胖为个案的未成年人肥胖的直接原因，而遗传因素、心理障碍、社会压力也是导致这一问题的伴生因素。未成年人的肥胖矫治要从改变不良生活习惯做起，辅以积极正向的心理暗示和对社会压力的疏导。

d. 小胖在过去三个月的时间胖了60斤，这个问题引起了我的注意。于是，我通过走访观察，最终发现原来小胖的肥胖主要是由于不良生活习惯造成的，而不是家族遗传因素，我长长地舒了一口气。接下来，我在怎样帮助小胖减肥方面进行了卓有成效的探索，取得一系列成绩，现在小胖已经恢复正常体重了。

你可以运用我给出的摘要写作技巧，看看哪一个选项最好。

首先应该排除掉的选项是d，因为它根本就不是摘要，没有学理化的内容和规范化的形式，基本看不到什么观点和结论，而“长长地舒了一口气”属于个人情感表达，写情书的话可以考虑使用。再有，“卓有成效的探索”“取得一系列成绩”这些属于自我评价，成为说明书了，而且是“假冒伪劣小广告”级别的说明书。因此，这篇摘要可以说是“踩坑”无数，算是做到了最糟。

接下来，选项a和b有两个共同点，而这两个共同点成为它们共同的缺点。第一个缺点，它们在摘要中出现了“本文作者”“文章”。最好还是避免这类表述方式，道理我前面说过了，这是典型的“说明书”而不是产品。

当然你也可能不服，明明很多论文的摘要里都用“本文”“文章”等表述。是的，确实是有，我来分析一下原因。其一，很久以前的论文。那时对论文形式规范要求没那么高，事实上，那时很多论文甚至连摘要都没有。其二，“水刊”论文。这种期刊基本上花钱就能发稿，明明写了1万字投稿过去，发表的时候却只有5000字，占用1.5个版面。如果这是你的追求，请随意。其三，在《中国社会科学》以及各学科的权威期刊上偶尔会出现，社会科学各领域公认的大咖发表的论文里也有类似情况出现。可以把这个当成目标激励自己，放话出去：“等我成大咖了，一定要在摘要里写‘本文’！”

再来说说第二个缺点：这两个摘要都跑偏了，它们关注的重点是“小胖”这个人，而不是“未成年人肥胖”这个问题。前面说过了，摘要的内容要做到学理化，要研究“学术问题”而非“技术问题”。

选项a和b比较而言，b要好很多，因为它在呈现研究结论。而a选项基本停留在对于研究过程的描述，它所展现的只是研究者做了什么，然后迫不及待地进行自我讴歌、自我表扬。这样的摘要显然是不合格的。

这样分析下来，选项c应该是最好的摘要。它的内容学理化、形式规范化、功能独立化都做得非常好；呈现的是主要观点和研究结论，并且把这些观点和结论很好地排列组合在一起，自成一体、逻辑自洽，成为一个可以独立存在的“作品”。而且从实际表述内容上看，它没有就“小胖”来说“小胖”，而是一直围绕“未成年人肥胖”这个研究议题在说事儿——它的表述方式是“以小胖为个案的未成年人肥胖”，非常见功力。

再有，选项 c 比较厉害的地方在于，它一句废话都没有，甚至连一个多余的字都没有。再来分析一下这个摘要的结构：

第一句话“未成年人肥胖成因及其矫治极具现实意义”是在提出问题，点明论文所要研究的对象，回答了“是什么”的问题。同时，它采用的是表达一个观点的陈述句。

第二句话，“医学人类学的分析结论表明，不良生活习惯是以小胖为个案的未成年人肥胖的直接原因，而遗传因素、心理障碍、社会压力也是导致这一问题的伴生因素”。这里从“直接原因”和“伴生因素”两个方面，给出了未成年人肥胖的成因，回答了“为什么”的问题，说明这项研究找到了问题的原因，同时也是论文的研究结论。

第三句话，“未成年人的肥胖矫治要从改变不良生活习惯做起，辅以积极正向的心理暗示和对社会压力的疏导”。这里给出了关于未成年人肥胖矫治的途径和手段，回答了“怎么办”的问题，呈现的也是研究结论。

就是说，选项 c 除了具备前面介绍的摘要写作技巧中的“内容学理化”“形式规范化”“功能独立化”之外，还较为清晰地呈现出了一个“是什么—为什么—怎么做”的研究逻辑。可以反复体会一下，这就是我认为的一篇高质量论文摘要该有的样子。

如果一定要吹毛求疵，做个补充的话，可以考虑在问题成因概括的“直接原因”和“伴生因素”那里再稍做扩展。现在的字数只有 130 个字，如果控制在 200 个字以内的话，还有 70 个字的空间可以利用，对研究结论的展示可以更充分些。

摘要是对一篇论文围绕研究对象形成的主要观点与研究结论的集合展示。如果确有必要，还可以再说明一下研究背景，指出研究方法。

一篇合格的摘要有点类似于“产品说明书”，应帮助读者在还没开始阅读论文之前就知道这篇论文在研究什么，形成了哪些主要观点，得出了哪些研究结论。一句话：让读者明确通过论文的阅读能收获什么。

而一篇高质量的摘要除了完成“产品说明书”的功能之外，还要有“作品”意识，是一篇具有产品说明书功能的作品。

高相关 + 高频次 + 高学理，关键词选取的“三高”原则

在论文的篇头写作部分，还剩下一个“关键词如何选取”的问题。

我还是先尝试着给论文关键词下个定义。按照我的理解，所谓关键词，就是最能体现论文研究议题与核心问题的高频学术专有名词。

这意味着论文关键词应该具备如下几个特征：

其一，关键词与论文的研究议题、与论文关注的核心问题之间具有高相关性。

其二，关键词在论文中出现的频率比较高，是论文中的高频词。

其三，一般而言，关键词是学术专有名词。

与此相联系，我想给出选取论文关键词的“三高原则”，即高相关性、高频次性和高学理性。

首先，高相关性。也就是关键词要与论文的选题、研究议题，与论文所要研究的核心问题正相关、高相关。相关系数越高，这篇文章被学术文献数据库收录后，被别人检索到的可能性就越大，可以增加“被看见”的机会。

文献数据库的“关键词检索”功能会把具有这个关键词的论文呈现在检索者眼前，而当检索者发现你的这篇论文和他的检索关键词高相关时，他就有足够的兴趣和热情来下载和阅读，你这篇论文被他引用的可能性也就随之增加。如果你设置的关键词和论文的研究议题以及核心问题不具有高相关性，而是低相关，甚至不相关，就容易导致两种结果：一个是检索者无法通过关键词找到你的论文，哪怕你这篇论文恰好是他最需要的——

而他正在写作的这篇论文，会在半年后发表在《中国社会科学》上，我这种说法可能有点极端，但错过了学界同行的关注和引用，其实是非常大的损失；另一个是检索者找到了你的论文，却发现这篇论文根本就不是他所需要的。显然，这两个结果都不是你想要的。

因此，设置具有“高相关性”的关键词，是对自己的论文负责。

其次，高频次性。也就是说，这个关键词在你论文中出现的频次比较高。排除掉的、地、得、如果、那么、因此、所以、大概、也许、没准、说不定、差不多……这样一些无法作为论文关键词的词语外，那些在论文中出现频次比较高的专有名词、学术名词，就应该是备选的论文关键词了。

这一点其实很好理解：论文的研究议题以及核心问题，当然会在论文中被反复提及；论文在行文讨论中涉及的关键概念，自然也会反复出现。而这样的词，往往就是论文的关键词。

再次，高学理性。这意味着关键词是学术专有名词，而不是日常生活中的普通词语。在论文关键词中呈现出来的，应该是高度专业化、学理化的那些概念、知识、理论和方法。这也意味着读者一看到论文的关键词，基本也就知道作者是拥有较高专业水准的学者，还是出来跑龙套的或玩票的人。

下面来实操一下。

【题目】

医学人类学视野中的未成年个体肥胖成因管窥——以小胖为个案

【摘要】

未成年人肥胖成因及其矫治极具现实意义。医学人类学的分析结论表明，不良生活习惯是以小胖为个案的未成年人肥胖的直接原因，而遗传因素、心理障碍、社会压力也是导致这一问题的伴生因素。未成年人的肥胖矫治要从改变不良生活习惯做起，辅以积极正向的心理暗示和对社会压力的疏导。

如果一篇论文的题目和摘要是这样的，那么它的关键词如何设置比较好呢？下面给出四个选项：

a. 医学人类学；视野；未成年；个体；肥胖；成因；管窥；小胖；个案

b. 未成年人；肥胖成因；医学人类学；个案

c. 医学人类学视野；成因管窥；个体肥胖；小胖

d. 医学人类学；未成年个体；肥胖问题；个案

一起来分析一下。

选项 a 基本是在开玩笑，但是类似的情况在一些硕士学位论文和一些期刊论文中确实存在。每当这时，我就特别想鼓励用这样的方式来设置关键词的那些人，加油，你可以的，再加上 10 个关键词，你能做到！

显然，a 选项中的关键词选取太过随意了，基本上把论文题目中能拆出来的所有词语都放在关键词里。这样就太过分散，也太缺乏专业性了。这属于“关键词不关键”问题。

那么，选项 b 和 c 哪个更好些呢？我认为 b 好很多。为什么？因为这里的四个词都能算是学术专有名词，又和论文题目及摘要中体现出来的论文研究议题紧密相关。

选项 c 最大的问题在“小胖”——是的，其实“小胖”出现在关键词里基本就是一个笑话了，因为小胖是作为个案和分析样本存在的。如果写小说，小胖是小说中的主人公，被塑造成文学作品中的一个重要角色，那么把“小胖”作为关键词是完全可以的，那就类似“骆驼祥子”“祥林嫂”这样，是可以的。但在这里展示的题目和摘要中，“小胖”不具备这种作用，不能做关键词。再有，这里的“医学人类学视野”也不太适合做关键词，“医学人类学”可以，但加上“视野”就不伦不类了。这样看来，“成因管窥”也不好，不是专有名词；“个体肥胖”也有点别扭，因为大家说的肥胖一般都是指个体的，只有在类似“肥胖症患者”这类概念中，它是对同一类疾病患者的统称，才有群体的意思。

下面再来比较一下 b 和 d 选项，哪一个更好？我认为是 d。好在哪里呢？来分析一下。

首先，b 选项中的“未成年人”不如 d 选项中的“未成年个体”好，因为前者是集合概念、群体概念，后者强调的才是个案意义上的个体，和论文研究议题关联性更强。

其次，b 选项中的“肥胖成因”不如 d 选项中的“肥胖问题”好，因为论文研究的核心问题是肥胖问题，论文不仅讨论了肥胖的成因，还给出了矫治的对策——哪怕这个对策可能不是论文研究的重点。可以体会一下，看看我的这个分析是否说得通。

再次，d 选项是否就没有提升的空间了呢？它是最完美的关键词设置方式吗？我认为还不是。如果把它改成下面这样，应该会比现在完美：

肥胖问题；未成年个体；医学人类学；个案

是的，我只是改变了这些词语的顺序。**我认为关键词的顺序也很重要，应该按照它在论文中的重要程度进行排序，把最重要的排在最前面。**如果单看篇名，“医学人类学”是最早映入读者眼帘的，但是这个词在关键词中的位次不应该排在第一位，因为论文的研究议题不是医学人类学，而是肥胖问题。医学人类学只是一个研究的学科视角，这个视角当然重要，但它的重要程度并不是第一位的。其他关键词的顺序，也是这样。

最后需要提示的是，关键词的数量一般是三到五个，不要太多也不要太少。设置三到五个关键词，基本是学术期刊在《投稿须知》和《征稿启事》里达成的共识性要求了。

关键词是最能体现论文研究议题与核心问题的高频学术专有名词。

关键词应具备如下几个特征：其一，关键词与论文的研究议题、与论文关注的核心问题之间具有高相关性；其二，关键词在论文中出现的频率比较高，是论文中的高频词；其三，一般而言，关键词是学术专有名词，而不是日常生活中的普通词语。

与此相联系，请遵循“三高原则”来选取论文关键词，分别是高相关性、高频次性和高学理性。

第四章

框 架 设 计

论文正文写作前的“第一次创造”

一篇论文的主体部分是它的正文，如果没有正文中那些缜密严谨、环环相扣、步步深入的论述过程，题目、摘要和关键词就成了“皇帝的新衣”，参考文献和注释就成了漂亮的花瓶，而那些“高端大气上档次”的观点和结论就成了无本之木、无源之水。而论文正文的主题框架就像房子的框架结构一样重要，本章就详细谈谈论文的框架设计。

三种理想的论文框架结构，总有一款适合你

这节内容算是“框架设计”模块的一个总论，整体介绍一下论文正文写作中的框架设计问题。

论文正文的框架设计，也就是一篇论文以什么样的结构来搭建自己的研究框架，并把这一研究框架落实在论文的谋篇布局中，体现在论文的各级标题和具体行文中。

从最具通约意义的理想类型来讲，一篇论文的框架结构主要有三种：“总分总”结构、“三段论”结构和“并列式”结构。

第一种是“总分总”结构。

拥有这类框架结构的论文，一般会在开篇时直接进入“总”的部分，可以是一个整体的说明或描述，呈现一种现象，提出一个问题，介绍一类观点，等等，以这个内容作为全文的总起。

然后，进入“分”的部分，对前面提出的现象、问题或观点从不同层面和角度进行分析与论述。在这些不同的层面和角度，论文往往会提出一系列或并列或递进的分论点，然后就这些分论点逐一展开论证。

最后，到了论文的第二个“总”的部分，一般是要回顾研究议题，对论文中提出的各个分论点进行总结、概括，归纳论文研究结论，也包括对于研究前景的瞻望，算是全文的一个总结。

如果用一个简洁的“文字公式”来表示，可以把“总分总”结构概括为：总起 + 分论 1/ 分论 2/ 分论 3……+ 总结。

第二种是“三段论”结构。

即论文以或明显或隐含的“三段论”结构来进行框架设计。从表现形式上看，又可以把“三段论”结构细分为如下三种类型：

类型一：发现问题 + 分析问题 + 解决问题

作为这种“三段论”结构的第一部分，一般会在文章的开头说明一下论文选题的缘起或由来，然后提出一个问题，当然也可以把这个问题在开篇时就细化一下，点出来几个问题，构成一个问题链。之后，在论文的第二部分，开始对这个或这些问题进行分析，一般是从现象描述、现状评估到原因剖析，通过规范研究来分析梳理这个或这些问题出现的原因。找到原因和症结所在了，就开始进入论文的第三部分，通过提出相应的对策建议、路径选择等方式尝试解决问题。

类型二：提出假设 + 进行验证 + 证实 / 证伪

这种结构的“三段论”在实验学科和偏重量化分析的研究中多有运用，比如应用心理学、临床医学、公共管理、社会工作等学科或专业方向。通过实验方案 / 调查问卷 / 田野工作的设计和实施来获取数据或资料，然后对这些数据资料进行量化与质性相结合的分析，证实或证伪假设。这类论文一般是在文章的开头基于一些现象或问题提出一个或一系列相关假设，然后通过对获得的数据和资料进行分析来对假设进行验证，验证成立即被证实，反之则被证伪。通常在证实或者证伪的结论后，再进行一些相关的思考和讨论，共同构成论文的结尾。

类型三：是什么 + 为什么 + 怎么办

这种结构的“三段论”和前面的“发现问题 + 分析问题 + 解决问题”

对照着来讲可能更容易讲得清楚。“发现问题 + 分析问题 + 解决问题”是围绕一个问题或一个问题链来作为论文的第一部分内容的，这里的“是什么 + 为什么 + 怎么办”则是围绕着一个概念或核心议题，从本体论的角度入手来展开研究的。“发现问题 + 分析问题 + 解决问题”这种“三段论”的问题意识更加明显，一般是指向现实社会中的问题，所进行的研究一般也会落实在应用对策层面，是一种应用对策型研究；而“是什么 + 为什么 + 怎么办”这种类型的“三段论”则更倾向于理论问题，更注重思辨方法在研究中的应用，属于一种基础理论型研究。

第三种是“并列式”结构。

拥有这类框架结构的论文，一般是以论文标题呈现出来的研究议题为中心，从彼此并列的多个层面或维度对这一研究议题加以阐述。处于并列关系中的这些层面或维度，一般又是围绕一个可以支撑研究议题的分论点来展开论证，也就是分论点 1+ 论据 + 论证，然后是分论点 2+ 论据 + 论证，以此类推。等几个分论点都阐述完了，行文也就结束了。

这种结构的论文有点像学术散文、随笔或漫谈，但是属于“形散而神不散”，各个分论点及其论证过程还是足以支撑起论文的研究议题的。以“并列式”结构写作的论文其实并不多见，但是这类文章往往会有非常高的引用频次，作者也往往是某一研究领域中公认的资深大家。

我觉得这种情况并非巧合——敢于采用这种结构来搭建论文写作框架是需要相当的勇气和能力的，而这类文章能够顺利通过学术期刊的初审、外审和终审，其实也往往是得益于论文作者的学界口碑和影响力。

比如《2020 年应用经济学国内十大研究热点分析与展望》（我自己编

的题目，如有雷同，纯属巧合）。怎么样？一方面，论文题目就是研究议题——十大热点。然后论文开篇就是第一个热点，第二个热点……十个并列的热点讲完了，论文也就结束了。这里的十个热点，先讲谁后讲谁，其实都是可以的。另一方面，恐怕你也体会到了，敢于写这种研究议题的论文的，基本是站在这个学科的最前沿、占领制高点的人。所以，这样的论文不仅会过关斩将顺利发表，而且发表后也会被竞相转载，短期的下载量和持续的引用量都会非常可观。

综上，可以把“并列式”结构的表达式概括为：

（论点 + 论据 + 论证）×n

以我有限的论文阅读经验来看，“总分总”“三段论”“并列式”这三种理想类型的论文框架结构还是占了绝大多数的，其中最为常见的是“三段论”结构，因为这种结构本身就具有很大的通约性，研究逻辑更符合认知规律。然后是“总分总”结构和“并列式”结构，比较而言，这两种结构更像是“三段论”结构的补充，而“并列式”结构的论文更为罕见。

我需要提示你的是：有关论文框架结构的类型划分与特征描述是非常粗放和理想化的，目的只是为你勾勒一个有关论文框架设计的整体印象。必须承认，正如这个世界上没有两片相同的叶子，也没有拥有相同的指纹和虹膜的两个人那样，具体到每一篇论文的框架结构，其实存在差异才更接近框架设计的本质。我在“框架设计”这个模块里的全部努力，其实是希望能帮你获得一种有关论文框架设计的结构化思维，进而让你在结构化思维的引领下，兵来将挡、水来土掩，做到活学活用，具体问题具体分析。

从最具通约意义的理想类型来讲，论文的框架结构主要有“总分总”结构、“三段论”结构和“并列式”结构。三种框架结构的表达式分别为：

“总分总”结构：总起＋分论1/分论2/分论3……＋总结。

“三段论”结构：发现问题＋分析问题＋解决问题，提出假设＋进行验证＋证实/证伪，是什么＋为什么＋怎么办。

“并列式”结构：（论点＋论据＋论证）×n。

“总分总”“三段论”“并列式”这三种框架结构划分的目的在于培养结构化思维能力，进而做到活学活用，具体问题具体分析。

总起 + 分论 + 总结，“总分总”结构要点与实例拆解

所谓“总分总”结构，就是这篇论文由总起、分论和总结三个部分构成，以此谋篇布局。

再复习一下前面介绍过的内容。拥有“总分总”结构的论文，一般会在开篇时进入“总”的部分，对一种现象、一个问题、一类观点做一个总括性的介绍，以此作为全文的总起。然后，进入“分”的部分，对这个现象、问题或观点分别从不同的层面和角度进行分析与论述。最后就到了论文的第二个“总”的部分，一般是回顾研究议题，对论文提出的各个分论点进行概括和归纳，呈现研究结论，也包括对研究前景的瞻望，这些内容构成了全文的总结。

“总分总”结构的表达式为：总起 + 分论 1/ 分论 2/ 分论 3……+ 总结。

下面，我找来了两篇“总分总”结构的论文作为实例，一起来做个拆解和分析，感受一下“总分总”结构在具体论文框架设计中的应用。

先来看这样一篇论文，题目是《全球时代何以“反对民族国家”——“民族国家终结”、“世界政府”与“全球治理”析评》。如图 4-1 所示，这篇论文的开篇直接就进入第一个大标题“全球时代与‘反对民族国家’的出场”。

可以发现，在开篇的“总起”部分，论文从民族国家的产生、扩展以及它在全球化时代遭遇的现实挑战谈起，指出西方学界在有关民族国家前途命运的讨论中出现了“反对民族国家”的论调。之后，在简单列举“反对民族国家”的主要观点后，引出一个问题链，即：这些论断是否经得起

推敲？“民族国家终结”的时代是否已然来临？“世界政府”与“全球治理”会是取代民族国家的一种国际政治体系新秩序吗？进而引出“对这些‘反对民族国家’的论断进行分析和回应”作为这篇论文的研究议题。

一、全球化时代与“反对民族国家”的出场

作为国家形态历史演进的一种类型,民族国家脱胎于西欧传统王朝国家。比较而言,“民族国家与以往国家形态在性质和内容上存在诸多差异,而这些差异也都构成了民族国家的优势”。[1] 也正是这些优势的存在,才让民族国家产生强烈的示范效应并在全球范围扩展,进而发展成为当今世界最为基本和重要的国际关系分界和政治分析单位。然而,随着全球化时代的到来,民族国家遭遇到一系列重大挑战,其中“既包括跨国主义的侵蚀国家主权的外部挑战,也包括导致民族国家走向分裂的内部挑战”。[2] 作为理论反思,西方学界在有关全球化时代民族国家的历史命运与发展前景的讨论中,逐渐形成了一种“反对民族国家”的论调,认为民族国家已经过时,宣布“民族国家终结”,倡导建立“世界政府”,主张用“全球治理”替代民族国家。持这种观点的学者认为“民族国家显然无法再用一种‘闭关锁国的政策’重塑昔日的辉煌”[3],民族国家“现在已经过时,正在被人们废弃,并且将被废止”[4],“谁在世界性的超级游戏中只打民族国家的牌,谁就输”[5],进而宣称“民族国家终结”,呼唤“世界政府”与“全球治理”,似乎民族国家已经变得多余,行将成为历史陈迹。

我们认为,可以把这些论断看作是对民族国家在全球化时代所面临的挑战的“派生性”结论,其共同点在于对民族国家的未来做出了悲观性判断,认为民族国家无力回应全球化挑战,进而倡导建立一个超越民族国家的“世界政府”来实现“全球治理”。那么,这些论断是否经得起推敲?“民族国家终结”时代是否已然来临?“世界政府”与“全球治理”会成为取代民族国家的一种国际政治体系新秩序吗?鉴于这些疑问在很大程度上会影响我们对民族国家前途命运的把握,也直接关系到我们理解当今国际政治关系走向的态度和取向,因此很有必要对这些“反对民族国家”的论断进行分析和回应。受篇幅所限,本文仅围绕其中三个代表性观点——“民族国家终结”、“世界政府”与“全球治理”展开讨论。

图 4-1 “总分总”结构论文实例 1 的“总起”截图

之后，论文的“总起”部分以“受篇幅所限，本文仅围绕其中三个代表性观点——‘民族国家终结’、‘世界政府’与‘全球治理’展开讨论”作为结束。可以发现，这个结束句其实也为下面即将进行的“分论”埋下了伏笔。

接下来，正如论文“总起”部分最后一句话所指出的那样，论文围绕“民族国家终结”、“世界政府”和“全球治理”这三个“反对民族国家”的主要观点进行了逐一分析和阐述。这篇论文在“分论”部分的各级标题，如图 4-2 所示[④]。

④ 受篇幅与讨论主旨所限，“框架设计”模块的截图中只显示部分正文内容，不再一一指出。

二、对 “民族国家终结” 论的几点回应

基于对全球化时代民族国家面临挑战的系统分析,一些学者认为“后威斯特伐利亚时代”已然来临,民族国家正在终结,主权已经过时。哈贝马斯 (Jürgen Habermas) 指出传统的国家主权观念已经过时,民族国家需要被超越。[6] 古恩罗(Jean - Marie Guehenno) 在《民族国家的终结》(1995) 中宣称“柏林墙的倒塌……代表着民族国家的时 代已经终 结”。[7] 大前研一 (KenichiOhmae) 认为在全球经济之中,国家主权已经对经济繁荣构成极大阻碍,主张民族国家应该把主权让渡给区域国家,进而由区域国家去寻求全球性的经济方法来创造财富。[1]综观“民族国家终结”论,其基本观点为: 作为一种伴随近代民族主义勃兴而创立的政治组织架构,民族国家正在受到来自全球经济、政治与文化力量的深刻影响;作为一种因由一系列共同特征而结成的民族与国家紧密联合的国际政治基本单位,民族国家的传统功能正在不断下降。这些问题在发达的民族国家那里表现为“空壳化”的发展趋势,而在发展中的民族国家那里则表现为无力拒斥全球化带来的挑战和压力。总之,民族国家或者处于危机中或者处于转折之中,必须要做出新的选择。而其中的一个 (也是最主要的) 趋势是民族国家纷纷承诺并开始努力与有关国家联合起来,组建区域性和世界性的超越民族国家的政治结构。

三、 “世界政府” 的限度

如前所述,在针对全球化时代民族国家未来发展问题的争论中,关于建立“世界政府”的声音不绝于耳,似乎民族国家及其所奉行的主权原则已经不再那么重要,民族国家将被世界政府所替代。与此相联系,在一些学者和国际组织的眼中,全球性的公民社会也开始展现出未来发展的美好前景。那么,现实是否一如这些学者和国际组织想象般美好呢?

四、 “全球治理” 的可能性

20世纪末期,在有关全球化与民族国家历史命运的热烈讨论中,有学者提出了“全球治理”(global governance) 的概念。这里的治理主要是“作为一种分析性概念”而出现的,它“指的是一种以公共利益为目标的社会合作过程———国家在这一社会合作过程之中起到关键性的却不一定是支配性的作用”。[22] 而根据戴维·赫尔德 (Da-vid Held) 的理解,全球治理是“对某一全球性问题运用多种不同方法,通过多种不同层次的努力而实施的一种综合治理”。[23] 这一概念产生的背景依然是民族国家在全球化背景下的权力遭到了削弱,不仅将部分权力让渡和转移给跨国公司、各种国际组织,也让渡和转移给各类非政府组织。于是,在一些学者看来,民族国家的权力正在被架空,正在越来越多地让位于其他国际政治、经济主体。在这种情况下,有人主张国家或政府的传统“统治”要让位于“全球治理”的形式。对此,吉登斯 (Anthony Giddens) 指出:“全球化既消解了国家权力,又凸显了本土的身份意识,同时还会往边缘挤压 (squeeze side) ,创造出新的地区、新的经济领域和文化领域。”[24] 罗伯特·罗茨 (R. Rhodes) 认为“全球治理”这种由传统“统治”方式向 “治理”形式的过渡至少显示出“统治的含义有了新的变化,它意味着一种新的统治过程,意味着统治的条件已与以往有了相当大的不同,抑或

图 4-2 “总分总”结构论文实例 1 的“分论”截图

对照“总分总”结构的文字表达式，标题“二、对‘民族国家终结’论的几点回应”是论文的分论 1，标题“三、‘世界政府’的限度”是论文的分论 2，标题“四、‘全球治理’的可能性”是论文的分论 3。这三个标题及其下面的内容，分别就“反对民族国家”的三个主要观点进行了分析和阐述。

最后，如图 4-3 所示，三个分论写完后，就到了论文的“总结”部分。

五、初步结论

全球化时代带给民族国家的严峻挑战以及西方学界不断发出的“反对民族国家”的声音,并不意味着民族国家行将退出历史舞台,只是意味着民族国家建构的任务还远未完成。民族国家来到这个世界已有三百多年的历史,然而正如我们现在可以明显感受到的那样,无论是在新兴的发展中国家那里,还是在完成民族国家早期建构的西欧国家那里,民族国家建构的历史任务尚未完成,或者说民族国家还需随着时代特征和社会历史条件的变化而开始新一轮的建构。在此,我们可以确认以下两点基本事实: 第一,无论我们是否愿意,赞同或者反对,全球化浪潮都势不可挡,全球化时代已然来临; 第二,“我们必须意识到民族国家的地位和作用在最为重要的领域和最为关键的环节依然是无可替代的”[32],———民族国家依然是当今世界政治体系中最为重要的政治主体,也是国际关系的基本分界,这一点至今也没有发生改变。正是由于这两点基本事实,我们也就不能幻想通过消除矛盾的某一方面,比如幻想“民族国家终结”,通过建立“世界政府”,采取“全球治理”的方式取代民族国家而使涉及国际政治经济诸多的问题得以一劳永逸的解决,否则,可能落入西方“新干涉主义”所设立的圈套。

图 4-3 “总分总”结构论文实例 1 的“总结”截图

论文用“初步结论”作为总结内容的标题，用一个段落来对论文的研究议题及其研究结论做了概括，最后，以“正是由于这两点基本事实，我们也就不能幻想通过消除矛盾的某一方面，比如幻想‘民族国家终结’，通过建立‘世界政府’，采取‘全球治理’的方式取代民族国家而使涉及国际政治经济诸多的问题得以一劳永逸的解决，否则，可能落入西方‘新干涉主义’所设立的圈套”作为全文的结语。

再来看另一篇论文，题目是《府际关系视野中的当代中国族际政治整合——以民族地方政府为中心的讨论》。这篇论文的开篇用两个自然段进行研究准备，介绍了这项研究的背景、议题和价值，然后才进入论文的“总起”部分。如图 4-4 所示，这个“总起”部分构成了论文的第一部分，“分析框架：府际关系中的当代中国族际政治整合”。

可以发现，这个“总起”的篇幅还是很长的，设置了四个二级标题，分别是“研究边界的框定”“中央政府与民族地方政府的纵向关系”“民族地方政府与民族 / 非民族地方政府之间的横向关系”“府际关系对族际政治整合的正反影响及作用机理”，通过上述四部分内容把有关府际关系中的当代中国族际政治整合分析框架阐述清楚。有了这个分析框架，接下来的内容也就有了讨论的边界，可以循着“纵向府际关系”和“横向府际关系”两个维度来展开。而这两个维度所探讨的内容，也就构成了这篇论文的“分论”部分。

如图 4-5 所示，论文分别以“纵向府际关系分析：民族政策价值诉求与实践效绩的落差”和“横向府际关系协调：民族地方各项事业发展面临的压力与挑战”作为标题，分别讨论了“纵向府际关系”和“横向府际关系”。

当代多民族国家普遍面临这样一种族际政治整合的任务:在保持特定民族文化的同时,将国内不同民族塑造成国家民族,以此保证多元民族认同国家的一体性,为国家权力提供合法性来源。从这个意义出发,族际整合一定程度构成当前国家在民族地区进行社会治理的重要目标和诉求。族际政治整合效果的好坏,将深刻影响多民族国家的存在发展与前途命运,因此迫切需要学界加强对于族际政治整合实践探索的研究,积极进行理论建构。2014年,习近平总书记在中央民族工作会议上将中华民族视为"一个命运共同体","构筑各民族共有精神家园"是建构这一命运共同体的现实基础;2017年,党的十九大报告中进一步明确了建构"中华民族命运共同体"的制度诉求,即必须"铸牢中华民族共同体意识",强调要"加强各民族交往交流交融",各民族应该像"石榴籽一样紧紧抱在一起",以实现"共同团结奋斗、共同繁荣发展"的目标。本文认为,"构筑各民族共有精神家园","促进各民族像石榴籽一样紧紧抱在一起",正是族际政治整合在当代中国语境中的价值彰显和目标追求。

历史经验表明,正确处理府际关系(即政府间关系,Intergovernmental Relations)——中央政府与民族地方政府、民族地方政府与民族/非民族地方政府的关系是维护国家统一、民族团结的主要内容之一,也是当代中国族际政治整合的重要途径。当代中国在正确处理府际关系,促进民族团结、地区稳定、经济社会全面发展与族际政治整合方面取得巨大成就,但同时也面临着很多发展中的问题需要应对和解决。本文旨在从府际关系视野观照当代中国族际政治整合,尝试以民族地方政府为中心,建构理论分析框架、梳理民族政策实践、评析民族地方各项事业发展,为方兴未艾的族际政治整合问题研究提供来自府际关系维度的研究参照。

一、分析框架:府际关系中的当代中国族际政治整合

府际关系是研究族际政治整合问题的重要视角,可以为该问题研究提供重要分析框架:族际政治整合目标的达成,需要良性府际关系的支撑,只有上下层级和同一层级府际关系的良性互动,才能达成族际政治整合的结果,并确保这一整合成果可以动态维持下去。由此,廓清府际关系的要素、结构及其相互关系,对理解选题研究主旨具有基础理论支撑作用。

(一)研究边界的框定

政治学意义上,国家结构的单一制是当前中国政治制度呈现出来的典型面向,这就使得"条块分割"便成为我国当代族际政治整合过程中的鲜明

(二)中央政府与民族地方政府的纵向关系

在我国当前单一制国家结构的政治框架内,中央政府与民族地方政府间存在的纵向府际关系,体现在以下三个具体维度。

(三)民族地方政府与民族/非民族地方政府之间的横向关系

以提供公共服务或执行公共政策为目的,不同地方政府之间形成的互动关系和关联机制,构成了府际关系中的横向关系[2]。关于地方政府间关系

(四)府际关系对族际政治整合的正反影响及作用机理

从规范意义上进行学理分析,府际关系对于族际政治整合的影响建立在府际关系状况评估的基础上——不同的府际关系状况会对族际政治整合

在下文讨论中,我们试图通过对当代中国民族政策的价值诉求与实践效绩之间落差的讨论,分析纵向府际关系对族际政治整合的影响;通过对民族地方各项事业发展面临压力与挑战的讨论,分析横向府际关系对族际政治整合的影响。

图 4-4 "总分总"结构论文实例 2 的"总起"截图

二、纵向府际关系分析:民族政策价值诉求与实践效绩的落差

我国当前的民族区域自治制度,是党在经典马克思主义理论指导下,考量中国特殊的国情和民族现实状况,所做出的创造性顶层设计。这一顶层设计构成理解当代中国族际政治整合的政策环境与制度安排,也为讨论纵向府际关系对族际政治整合的影响提供了重要范本。

三、横向府际关系协调:民族地方各项事业发展面临的压力与挑战

改革开放以来,特别是新世纪以来,在中国共产党的坚强领导下,民族地区各族儿女高举民族团结进步旗帜,沿着民族区域自治的正确方向前进,实现经济社会的深刻变革和历史性跨越,续写民族地方各项事业的新篇章,民族团结进步伟大事业取得举世瞩目的成就。这些成就的取得,与中央历届领导集体对民族地方各项事业的关心与支持密不可分,也与民族地方政府真抓实干、奋发图强,加强与兄弟省份地方政府的协作互惠关系密切。与此同时还要看到,民族地方各项事业的发展也面临一系列压力,遭遇一系列挑战。这些问题的解决也有赖于进一步加强横向府际关系的协调,为当代中国族际政治整合提供坚强有力的支撑。

图 4-5 "总分总"结构论文实例 2 的"分论"截图

最后，如图 4-6 所示，论文以“结语：府际关系是考察当代中国族际政治整合的新视角”为标题，用了三个自然段对全文作了总结。

可以发现，第一个段落主要就论文的分析框架进行了总结，第二个段落是对两个分论的内容进行了总结，最后一个段落则指出正确处理府际关系对于当代中国族际政治整合的价值，进而认为“府际关系是考察当代中国族际政治整合的新视角”。这三个自然段共同构成了这篇论文的总结部分。

四、结语:府际关系是考察当代中国族际政治整合的新视角

在社会治理的视域内,本文初步搭建了基于府际关系视角的当代中国族际政治整合分析框架。该分析框架以民族地方政府为中心,将府际关系划分为由中央政府与民族地方政府构成的纵向府际关系,以及由民族地方政府与民族/非民族地方政府构成的横向府际关系,进而就府际关系对族际政治整合的正反影响及其作用机理进行粗略分析。

在这一分析框架内,本文从纵向府际关系和横向府际关系两个维度对当前中国的族际政治整合展开了讨论。一方面,从纵向府际关系的层面对中国民族政策的价值诉求与实践效绩问题进行讨论,回顾中国共产党对我国民族政策的探索历程,分析我国现行民族政策设计的内在价值诉求,探讨我国民族政策实践中存在的问题以及导致这一问题的纵向府际关系动因,进而提出了优化纵向府际关系、弥合民族政策价值诉求与实践效绩落差的建议;另一方面,从横向府际关系的层面对改革开放以来民族地方各项事业发展面临的压力与挑战进行讨论,进而以习近平总书记提出的“守望相助”思想为线索,探讨了横向府际关系协调的主要途径。

分析表明,府际关系是考察当代中国族际政治整合的一个较具价值的视角。建国70年来,民族地方政府在践行党的民族政策、维护民族团结、领导民族地方各项事业发展、推进族际政治整合等领域进行了一系列尝试与探索,成效显著。正确处理府际关系是取得这些成绩的重要原因。以民族地方政府为中心,梳理总结纵横两个层面的府际关系经验,可以为当代中国族际政治整合提供重要启示。

图 4-6　“总分总”结构论文实例 2 的“总结”截图

鉴于“总分总”结构的内容在前面的总论和这一节的实例分析中多次强调过，这里就不再做更多的总结了。

建议你对照这两篇论文的实例再来体会一下“总分总”结构的具体运用。同时，你也可以去翻阅一下自己电脑硬盘里下载的那些期刊论文，看看能不能找到几篇用“总分总”结构来做论文写作框架设计的论文。

发现问题 + 分析问题 + 解决问题，“三段论”结构要点与实例拆解

具有“发现问题 + 分析问题 + 解决问题”形式的“三段论”结构，一般会在文章的开头说明一下论文选题的缘起或由来，然后提出一个问题（也就是“发现问题”部分），当然也可以把这个问题在开篇时就细化一下，点出来几个问题构成一个问题链。

之后，在论文的第二部分，对这个或这些问题进行分析（也就是“分析问题”部分），一般是从现象描述、现状评估到原因剖析，通过规范研究来分析梳理这个或这些问题出现的原因。找到原因和症结所在了，就进入论文的第三部分（也就是“解决问题”部分），通过提出相应的对策建议、路径选择等方式尝试解决问题。

下面以两篇“发现问题 + 分析问题 + 解决问题”形式的论文为实例，我做个拆解和分析，你感受一下这种形式的“三段论”结构在具体论文正文框架设计中的应用。

先来看这样一篇论文，题目是《全球化叙事中的社会个体身份认同——以多民族国家为中心的讨论》。如图 4-7 所示，论文开篇直接以“一、选题缘起：全球化叙事中的社会个体身份焦虑”进入研究议题，指出在现代民族国家的语境中，社会个体拥有双重身份。但随着全球化叙事的深度展开，一个问题变得越来越突出，亟待回答：“多民族国家社会个体双重身份分析框架被撕裂，身份焦虑成为社会个体的现实境遇。那么，该如何分析全球化叙事中的个体身份认同？”论文先从介绍背景

和问题的产生入手，进而把作为研究议题的核心问题呈现出来，这个过程就是在“发现问题”。

一、选题缘起:全球化叙事中的社会个体身份焦虑

身份(Identity)是描述个体与社会之间关系的核心概念,也是近年国内政治学、民族学、社会学、心理学研究普遍关注的热点。对于“我是谁”的不同回答,集中展示了不同社会个体自我身份认同的不同倾向。研究表明,在作为当代世界体系基本分析单位的现代民族国家[1]之内,社会个体具有双重身份,分别是政治—法律维度的国家公民身份和文化—心理维度的民族成员身份[2]。其中,国家公民身份是“异中之同”,与多民族国家的国家主权政治边界重叠,其身份认同指向多民族国家本身;而民族成员身份则是“同中之异”,与多民族国家内部特定民族共同体的文化边界重叠,其身份认同指向该民族共同体。

然而,20世纪90年代愈演愈烈的全球化浪潮让多民族国家普遍遭遇“去中心化”[3]与“去国家化”[4]挑战,“国家权力开始分层化和中空化,国家在权力体系中的中心地位受到一定程度的动摇”[5]。与此相联系,原本适用的有关多民族国家社会个体双重身份分析框架也开始面临解释力不足的尴尬。进入21世纪,伴随2008年的“次贷危机”、2016年特朗普当选美国总统和2020年欧洲理事会正式批准英国“脱欧”协议,全球化叙事日益呈现出复杂多面的图景。一方面是来自学界的“逆全球化”[6]“全球化退潮”[7]“反全球化”[8]“新型全球化”[9]的声音不绝于耳;另一方面是来自真实世界的责难此起彼伏,正如约瑟夫·斯蒂格利茨(Joseph E.Stiglitz)在《全球化逆潮》一书的开篇描述的那样,“现在对全球化的不满已经遍布全球。……不仅仅是学生活动和环保主义者,而是整个发达国家的中产阶级和工人阶级”[10]。

面对这种复杂多面的全球化叙事,我们认为全球化依然是当今世界最为显著和普遍的特征。其原因在于上述被贴上各种全球化反对派标签的很多现象诸如单边主义、保守主义、民粹主义的兴起和全球治理的退场,甚至连新型冠状病毒肺炎(COVID-19)的传播,也都带有明显“全球化”的特征。所以,我们正在经历的全球化叙事“只不过是全球化短期的自我否定,是由资本主义国家单方面主导的全球化向更加全面的全球化的阶段过渡的一种反向状态”[11]。而无论是全球化的大势还是裹挟在其中的“逆全球化”现象,随着世界局势的变幻和全球化叙事的展开,一个问题变得无法回避:多民族国家社会个体双重身份分析框架被撕裂,身份焦虑成为社会个体在真实世界中的现实境遇。那么,该如何分析全球化叙事中的个体身份认同?有研究指出,这种身份认同在“纵向上就是向上为全球性超国家共同体的认同,向下是个体意识的觉醒、区域认同和民族认同与国家认同的分离。横向上主要表现为认同向社会组织和社群的转移”[12]。受到这一观点的启发,本文尝试从“纵向—横向”的分析框架对全球化叙事中的多民族国家个体身份认同进行学理分析,贡献学术增量。

图 4-7　“三段论”结构论文实例 1 的“发现问题”截图

随后，论文指出，“本文尝试从‘纵向—横向’的分析框架对全球化叙事中的多民族国家个体身份认同进行学理分析，贡献学术增量”，从而为下文的“分析问题”部分提供了线索。如图 4-8 所示，从论文的第二部分开始进入“分析问题”的环节，分别给出了“二、超国家、跨国家与次国家：社会个体身份的纵向迁移”“三、社会组织与网络社群：社会个体身份的横向离散”两个标题，从纵向迁移和横向离散两个维度，对发现问题部分提出的“如何分析全球化叙事中的个体身份认同”进行了系统分析。

二、超国家、跨国家与次国家:社会个体身份的纵向迁移

复杂多面的全球化叙事让多民族国家遭遇纵向的来自超国家、跨国家和次国家新兴组织的冲击,这一事实不仅让多民族国家在当代世界体系中的地位和作用受到影响,也直接导致社会个体身份出现纵向迁移的态势。

三、社会组织与网络社群:社会个体身份的横向离散

如果上述有关超国家、跨国家和次国家层面社会个体身份的讨论更多是在政治—法律身份维度展开,那么本文这部分内容的讨论则更多聚焦于文化—心理维度。我们认为,文化和心理是观察社会个体身份的更为基础也更为本原的维度,毕竟外部组织结构对于社会个体身份认同的影响,终究是要通过“文化渗透”这种潜移默化的方式触达个体的心理层面,才能真正促成“认同”。比较而言,社会组织与网络社群的文化意涵更为明显,对个体身份认同的影响也更为直接。

图 4-8　“三段论”结构论文实例 1 的“分析问题”截图

之后，论文进入“解决问题”的部分，以“四、全球化叙事中的社会个体身份分析谱系”作为标题，尝试解决问题。如图 4-9 所示，在这部分开篇的第一个自然段，作者指出：“那么，怎样呈现全球化叙事中的社会个体身份，完成新的身份分析谱系？进而，这种分析谱系的转换究竟意味着什么？本文将在这里做一个初步的尝试性回答。”由此锁定“解决问题”部分论文要做的主要工作。

四、全球化叙事中的社会个体身份分析谱系

在之前的讨论中,我们从超国家、跨国家和次国家三个层面分析了社会个体身份的纵向迁移,又从社会实体组织和网络虚拟社群两个维度探究了社会个体身份横向离散。这些变化导致的重要后果是曾经围绕多民族国家而形成的社会个体双重身份分析框架,在全球化叙事中逐渐失去了解释力。那么,怎样呈现全球化叙事中的社会个体身份,完成新的身份分析谱系?进而,这种分析谱系的转换究竟意味着什么?本文将在这里做一个初步的尝试性回答。

(一)多民族国家:社会个体身份认同的坐标参照

(二)社会个体身份分析谱系的转换

(三)社会个体身份分析谱系转换的价值与启示

综上所述,可以把全球化叙事对社会个体身份的影响描述为从“政治—法律”“文化—心理”两个维度的双重身份分析谱系(见图1)转换到以“政治—法律”维度为纵坐标,以“文化—心理”维度为横坐标的散点身份分析谱系(见图4)。这种身份分析谱系的转换至少可以带给我们如下思考。

首先,从双重身份分析谱系向散点身份分析谱系的转换,构成社会个体身份在全球化和民族国家叙事场景中的核心差异。这一转换意味着我们在看

其次,在全球化叙事的场景之中,试图再用传统单一维度的法律、制度和政策体系来对社会个体的某种身份认同(比如公民身份认同)进行干预和强

第三,可以预见在全球化叙事场景之中,社会个体文化—心理维度身份认同的成长空间与辐射区域会因其耦合性与渗透性而被不断放大,在个体身份

第四,社会个体身份分析谱系的这一转换也更加明确地向我们传递这样一个信号:多民族国家所面临的诸多结构化挑战,终究会在社会个体身份认同

图 4-9　“三段论”结构论文实例 1 的“解决问题”截图

最后，论文通过三个二级标题的设计，即“（一）多民族国家：社会个体身份认同的坐标参照”“（二）社会个体身份分析谱系的转换”“（三）社会个体身份分析谱系转换的价值与启示”逐渐呈现了“解决问题”的思路和内容，并在“（三）”中给出了四点社会个体身份分析谱系转换的价值与启示，对“解决问题”的思路和方案进行了进一步的思考。

再来看另一篇论文，题目是《多民族发展中国家政治整合：共性、困境及其化解——基于印度尼西亚与尼日利亚的国别比较》。如图 4-10 所示，论文以“一、提出问题：国别比较视角下的多民族发展中国家政治整合”作为文章的开始，而这个标题里的内容也就构成了三段论结构中“发现问题”的部分。

一、提出问题:国别比较视角下的多民族发展中国家政治整合

所谓政治整合(Political Integration),目前学界出现的较具代表性的定义是“要建立民族认同和单一领土单位的过程,这一过程试图把原本分离的文化集团和社会集团彼此结合,形成超越地方的忠诚”[1](P.52-53);是“社会内部不同群体在共同目标的作用下形成有机结合的过程”[2](P.67);是“居于社会优势地位的政治主体,将异质性的社会力量、政治力量吸纳于统一框架之内,达成政治社会一体化,确保社会稳定与国家认同的过程”[3]。而将这个过程放置在多民族国家的政治单位之下,政治整合则是“国家内部不同族群之间,以及这些群体与国家之间形成为一种国族国家的状态和过程”[4]。尽管上述定义对于政治整合的主体、目标、方式和途径做出了不同概括,依托的学科背景也不尽相同,但其中的共性都是要从多元走向一体,并且在多元与一体的互动中努力维持一体的统领性与稳定性。本文所强调的政治整合,主要指多民族国家内部基于一定的秩序和权威影响下形成的国家与民族群体、不同民族群体之间的一种和平共存与合作的状态和进程。而这一进程完成的好与坏,将极大关系到国家的政治稳定、经济发展与社会和谐,甚至关乎国家的统一以及历史命运。从经验事实的角度判断,目前真正完成政治整合任务的多民族国家是非常罕见的。尤其是当我们的视野从“多民族国家”进入到“多民族发展中国家”时,这个问题则变得更加引人注目。

当今世界绝大多数国家都是多民族国家。而从这些国家的经济发展状况和社会发展程度方面分析,在多民族国家之中,发展中国家又占据相当大的比重。由于这些多民族发展中国家一般都经历过西方列强的殖民统治或资源掠夺,民族构成情况多样、经济发展状况和社会发展程度不够理想,存在大量复杂而且棘手的“发展中”问题。所有这一切,都为多民族发展中国家的现代民族国家建构增添了重重阻力,也让这些国家面临严峻的政治整合压力。多民族发展中国家政治整合问题意义重大、影响深远,成为近年民族理论与政治学界研究的热点问题。本文以东南亚地区最大的多民族发展中国家印度尼西亚(以下简称印尼)和非洲人口最多的多民族发展中国家尼日利亚作为分析样本和对比个案,在对两国政治整合实践进行梳理和比较的基础上,提炼和概括多民族发展中国家政治整合中的共性问题、主要困境和破解路径,为国内方兴未艾的多民族发展中国家政治整合问题研究提供来自国别比较视角的支撑与启示。

图 4-10　“三段论”结构论文实例 2 的“发现问题”截图

具体而言，论文指出：“由于这些多民族发展中国家一般都经历过西方列强的殖民统治或资源掠夺，民族构成情况多样、经济发展状况和社会发展程度不够理想，存在大量复杂而且棘手的‘发展中’问题，使得这些国家面临严峻的政治整合压力。”也就是说，论文发现的这个问题是“多民族发展中国家政治整合问题”。论文进而指出：“本文以东南亚地区最大的多民族发展中国家印度尼西亚（以下简称印尼）和非洲人口最多的多民族发展中国家尼日利亚作为分析样本和对比个案，在对两国政治整合实践进行梳理和比较的基础上，提炼和概括多民族发展中国家政治整合中的共性问题、主要困境和破解路径……”这段阐述为论文接下来的“分析问题”和“解决问题”埋下了伏笔。

下面来看看这篇论文的“分析问题”部分。如图 4-11 所示，这部分把“二、异中求同：印尼与尼日利亚政治整合的共性分析”作为标题，通过四个二级标题，即“（一）政治整合的基础：多民族发展中国家”“（二）政治整合的路径：从基础性整合到威权政治整合再到民主政治整合”“（三）政治整合的起点：殖民主义历史遗产及其祛除”“（四）政治整合的难题：民族分离主义运动与国族建构”对两个国家政治整合的共性进行了逐一分析。

这里需要注意的是，这篇论文“分析问题”的部分到这里并未结束。如图 4-12 所示，在最后一个大标题“三、印尼与尼日利亚政治整合面临的困境与化解路向”中的第一个自然段，以及第一个二级标题，即“（一）历史遗产：两国政治整合困境产生的根源”中，其实也是在进行问题的分析，强调了两国政治整合困境产生的根源在于西方殖民统治这一“历史遗产”。

二、异中求同:印尼与尼日利亚政治整合的共性分析

作为东南亚地区最大的一个多民族、多宗教共生并存的"千岛之国",印尼在获得独立建国之前的长达三百多年的时间里,一直是荷兰的殖民地。这种殖民统治开始于1619年。为了维持自己的殖民统治,荷兰殖民者在当地鼓励和迫使大批华人移民巴达维亚和周边岛屿,制定以"强迫种植制"为代表的掠夺性殖民经济发展政策,制定以社会等级制为典型特征的种族歧视政策,推行"以夷制夷"、"分而治之"的殖民统治理念,这些政策和理念对于独立建国之后的印尼政治产生了强烈而深远的影响。随着1945年宣布独立建国,印尼开始走上了现代民族国家建构、实施政治整合的发展道路。概括而言,可以把独立建国以来的印尼政治发展划分为三个主要阶段,分别是1945年到1965年建国初期在苏加诺领导下的"多党议会民主"与"有领导的民主"[5](P.84)探索阶段;1965年到1998年苏哈托统治之下的官僚威权体制实施阶段;以及1998年5月苏哈托下台之后,由哈比比开启的、至今尚未完成的政治民主化转型阶段。而作为非洲最大的多民族发展中国家,尼日利亚被认为是非洲文明古国之一,因为部族国家与城邦国家在这片古老的土地上延绵了上千年之久。然而到15世纪,这种国家形态自然演进的历史却因欧洲列强的到来而被迫中断,随后这些欧洲列强(18世纪以后主要是英国)在这里开启了长达四百年的殖民统治。这种情况一直持续到20世纪中期才发生根本改变———伴随民族意识的普遍觉醒和民族主义运动的持续高涨,尼日利亚终于完成了从殖民地到民族国家的嬗变。而这一嬗变也构成了本文所要讨论的尼日利亚政治整合的起点。无论是在"军人主政"时期(1960-1999)还是在"还政于民"以后,独立建国以来的尼日利亚历届政府都为实现国家的政治整合进行了坚持不懈的努力,哪怕这些努力的性质和方向看起来并不总是一致。通过对两国政治整合进程的梳理和比较,我们发现在两国呈现各自特殊性一面的同时,也具有很多共性的内容。

(一)政治整合的基础:多民族发展中国家

(二)政治整合的路径:从基础性整合到威权政治整合再到民主政治整合

(三)政治整合的起点:殖民主义历史遗产及其祛除

(四)政治整合的难题:民族分离主义运动与国族建构

图 4-11　"三段论"结构论文实例 2 的"分析问题"截图

三、印尼与尼日利亚政治整合面临的困境与化解路向

通过对印尼与尼日利亚政治整合进程的梳理能够发现,族际政治[2]不仅在很大程度上左右着两国独立建国以来的政治发展走向,也在事实上构成了影响两国政治整合的关键变量———稍加分析就会看到,无论是在印尼还是在尼日利亚,其民族国家建构历程中所发生的每一次重大变故和遇到的每一种严重阻碍,背后总有族际政治的深刻背景,族际政治问题构成了两国政治整合面临的困境。

(一)历史遗产:两国政治整合困境产生的根源

在谈到印尼和尼日利亚两国政治整合中所面临的各种问题时,一个基本的认知在于:我们必须看到这些问题背后的历史原因。关于印尼,作为东南亚地区的一个文明古国,早在公元3世纪就开始出现分散的王朝,及至13世纪末期,一个强大的封建王国麻喏巴歇(印尼语Madjapahit,马来语Modjopahit,公元1293—1478年)在东爪哇得以建立。问题在于,在殖民者到来之前,这里从未形成过一个与今日印尼国家边界相重合的政治国家。有研究者指出,"印尼在实现民族团结问题上所遭遇的全部困难,归根结底,都可以追溯到独立斗争时期。那时荷兰对于殖民地的策略……导致这个民族中的一部分人对其他部分的统治"[16]。而且,当印尼"集权体制的领导者们声称他们代表荷兰殖民统治所有民族"的时候,这个"印尼民族"尚未存在。[16]我们知道,印尼的地理空间特征是碎片化的,而多民族多宗教特征也是印尼社会的显著特征。"天然破碎"的地理空间与多民族多宗教特征的叠加效应,势必放大了荷兰殖民者在建构和维持殖民统治秩序过程中给印尼带来的伤害。

(二)化解路向:不曾存在过的"国族"该如何建构

族际政治问题的产生与两国在历史上所遭遇的长期殖民统治密不可分,而化解这一问题的关键在于:一个在历史上和观念中都不曾存在过的国族———印尼民族和尼日利亚民族,究竟应该如何建构?两国独立建国以来,无论是早期的威权整合还是现在的民主政治整合,历届政府都在建构一个统一的国家民族、增进国家认同方面进行了大量积极有益的探索。在印尼,苏加诺创造性地提出"潘查希拉"立国思想基础,塑造"国家思想观";在单一制下的地方自治探索剔除联邦制给国家带来的分裂威胁;努力进行经济建设,发展国民经济,为中央政府的统治提供合法性资源与政治整合效绩;大力推进民主政治改革,用总统直选替代个人独裁统治等等。在这一过程之中,军队开始拥有了主导国家政治生活的能力。而在尼日利亚,该国为化解族际政治问题所付出的全部努力,归根结底都是围绕着怎样祛除现实中的乃至观念中的"重叠结构"来展开的,即英国殖民统治所造成的尼日利亚"三足鼎立"的族群结构与"三分天下"的行政辖区相互叠加的现实。为此,在现实层面,为了祛除"三分天下"的地方权力格局对于中央权力的威胁而进行了"撤区建州"[20]的探索,并且取得了良好收效;在观念层面,为了祛除族群意识、地方民族主义、区域认同对于"我是尼日利亚人"的冲击和影响而广泛开展了国民教育与爱国主义教育。必须承认,这些都是非常积极也非常有益的尝试。我们认为,除了上述两国已经实施的和正在进行的努力之外,还可以在如下几个方面进行尝试。

第一,寻找重叠共识、尊重文化差异,建构多元共存、政治一体的国族共同体。罗尔斯(John Rawls)在《正义论》(1971)中提出"重叠共识"(over

第二,借鉴差异政治思想,探索能够回应各族群正当利益诉求,达成各族群利益均沾、成果共享的政治体制、制度和机制。出于对普遍主义政治

第三,消除军人在两国政治生活中的影响,积极惩治腐败。这里涉及到的两个问题是目前阻碍两国民族国家建构和政治整合的最为主要的方面。

第四,探索能够包容和促进多语言、多宗教和谐相处的民族政策。对于印尼而言,由于"千岛之国"这样一种破碎的地理空间格局,生活在不同岛屿

图 4-12　"三段论"结构论文实例 2 的"分析问题 + 解决问题"截图

最后，在第二个二级标题“（二）化解路向：不曾存在过的‘国族’该如何建构”的内容中，论文进入“解决问题”的环节，提出了包括“寻找重叠共识、尊重文化差异，建构多元共存、政治一体的国族共同体”“借鉴差异政治思想，探索能够回应各族群正当利益诉求，达成各族群利益均沾、成果共享的政治体制、制度和机制”“消除军人在两国政治生活中的影响，积极惩治腐败”“探索能够包容和促进多语言、多宗教和谐相处的民族政策”等对策在内的多民族发展中国家化解政治整合困境的解决方案。

有关“发现问题 + 分析问题 + 解决问题”形式的“三段论”论文框架结构，我就介绍到这里。你可以对照着这一结构表达式，体会一下这里给出的论文实例；另外，你在自己写论文的时候，也可以尝试运用这个表达式做一下结构化思维的练习。

提出假设 + 进行验证 + 证实 / 证伪，“三段论”结构要点与实例拆解

具有“提出假设 + 进行验证 + 证实 / 证伪”形式的“三段论”结构，在实验学科和偏重量化分析的研究中多有运用。这类论文一般是在文章的开头基于一些现象或问题提出一个或一系列相关假设（“提出假设”部分），然后通过实验方案 / 调查问卷 / 田野工作的设计和实施来获取相关数据或资料（“进行验证”部分），再通过对获得的数据和资料进行分析的方式来对这个 / 这些假设进行验证（“证实 / 证伪”部分），验证成立即被证实，反之则被证伪。通常在证实或证伪的结论后，再进行一些相关的思考和讨论，共同构成论文的结尾。

这里还需要说明两点。

一个是：“提出假设 + 进行验证 + 证实 / 证伪”形式的“三段论”结构其实是做了“极简化”处理后的结构。这类论文的“常规化”写作框架一般由七个部分构成，分别是文献综述、研究假设、研究设计、研究方法、研究结果与数据分析、讨论与结论、启示与展望。如图 4-13 所示，我这里之所以采用“三段论”结构来讨论这个问题，更多是从培养你结构化思维的角度出发。具体到“提出假设 + 进行验证 + 证实 / 证伪”形式，其实有了这样一个“三段论”的结构是很容易还原到七个部分的，但如果直接给出七个部分，就需要在“三段论”之外再单列一个结构出来了，等于是在增加复杂性，不利于进行结构化思维的训练。

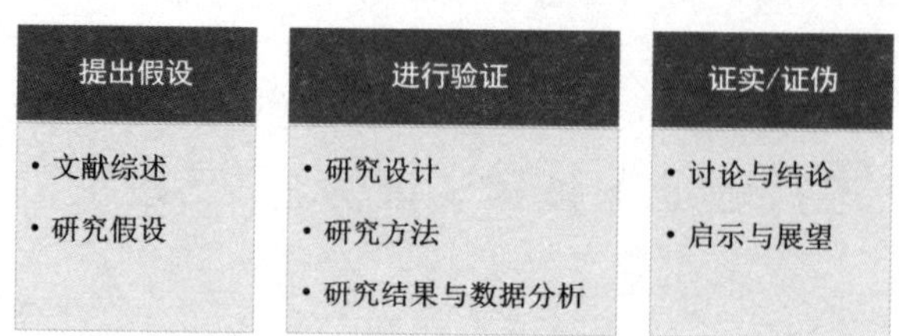

图 4-13　实验 / 量化研究“极简化”与“常规化”框架设计对照图

另一个是：大家能够看到的、被发表的论文更多是那些假设被“证实”的，而不是被“证伪”的。其实这个道理很容易理解：假设被证伪了，往往会被理解为研究价值的消失。而围绕缺乏研究价值的议题撰写的论文自然不会被发表。毕竟知道了什么是真正的正确，要比排除掉千百分之一个错误更有价值。

这种“假设成立才容易被发表”的审稿倾向导致三个后果，一是最简单粗暴的办法，即篡改甚至直接编造数据，数据造假；二是相对讨巧的做法，用“幸存者偏差”来为自己开脱，因为在理论上，只要选用相对大的数据配合较小的样本量，作者就可以得到任何希望的结果；三是先把研究结果做出来，然后根据结果倒推假设，就好比先开枪，打到了什么目标之后，再围绕这个目标画靶子。

我找来了两篇“提出假设 + 进行验证 + 证实 / 证伪”形式的论文作为实例，一起来做个拆解和分析，感受一下这种“三段论”结构在具体论文框架设计中的应用。

先来看这样一篇论文，题目是《国家认同与民族认同：少数民族身份认同变迁的实证研究——基于甘肃、青海、新疆三地的调查分析》。如图 4-14 所示，论文在开篇指出：

中国目前是一个经济快速发展、社会结构日益多元化、正在向现代民族国家转型的社会主义国家，那么，政治、经济、社会结构的变化在多大程度上以及以怎样的方式影响少数民族的国家认同和民族认同？为了对这一问题做出尝试性的回答，我们试图通过比较来探讨少数民族国家认同、民族认同的影响因素及其变迁机理。于此，我们首先评析国内外相关文献，然后提出研究假设，最后用调研数据检验和分析。

一、文献综述

二、理论视角与研究假设

下面，我们分别阐述我们的理论视角，并提出相应的研究假设。

(一)认同过程论

假设1：少数民族的国家认同与民族认同程度受到年龄的影响，相关关系为曲线关系。

(二)社会融合论

假设2：少数民族的社会融合程度对其国家认同和民族认同有显著影响。

假设2a：婚姻状况影响国家认同和民族认同，其程度国家认同高于民族认同；

假设2b：就业状况影响国家认同，其影响程度国家认同高于民族认同；

假设2c：社会资本影响国家认同和民族认同，其影响程度国家认同高于民族认同。

(三)政策干预论

假设3：民族政策对少数民族的国家认同和民族认同有显著影响。

假设3a：民族优惠政策淡化国家认同意识，增强民族认同意识；

假设3b：双语教育对国家认同和民族认同都具有正向效果。

(四)地位分化论

假设4：地位分化对少数民族的国家认同和民族认同产生显著影响。

假设4a：男性的国家认同强于女性，民族认同则弱于女性；

假设4b：收入水平越高，国家认同感越强，民族认同越弱；

假设4c：教育程度越高，国家认同感越强，民族认同越弱；

假设4d：少数民族政治身份对国家认同和民族认同有显著影响，即党员相比于非党员而言，国家认同程度更高，民族认同则更低；

假设4e：城乡二元分割对少数民族国家认同和民族认同有显著影响，即城市少数民族居民国家认同强于农村居民，民族认同则相反。

图 4–14　“三段论”结构论文实例 3 的“提出假设”截图

中国目前是一个经济快速发展、社会结构日益多元化、正在向现代民族国家转型的社会主义国家，那么，政治、经济、社会结构的变化在多大程度上以及以怎样的方式影响少数民族的国家认同和民族认同？为了对这一问题做出尝试性的回答，我们试图通过比较来探讨少数民族国家认同、民族认同的影响因素及其变迁机理。于此，我们首先评析国内外相关文献，然后提出研究假设，最后用调研数据检验和分析。

可以看出：这个段落在指明论文研究议题的同时，也在段落末尾给出了“提出假设 + 进行验证 + 证实 / 证伪”的研究结构。

论文在进行相关研究文献综述的基础上，结合“认同过程论”“社会融合论”“政策干预论”“地位分化论”等理论视角，提出了关于少数民族国家认同和民族认同影响因素的四个总假设和十个子假设。

在“提出假设”后，论文进入“进行验证”的部分。如图 4-15 所示，论文在“三、数据、变量与方法”和“四、数据分析结果”这两个标题下，对此问题进行了梳理。这里既有数据的展示，也有变量的测量，还就少数民族国家认同与民族认同影响因素序次进行了逻辑回归分析。

三、数据、变量与方法

(一)数据

为了验证以上假设,笔者于2013年12月、2014年6月在甘肃、青海和新疆三地做了抽样调查。总共发放问卷800份,回收584份,有效问卷533份,有效回收率66. 6%。其中,样本分别来自甘肃兰州、临夏、甘南,青海西宁及新疆乌鲁木齐、伊犁、喀什、库尔勒等地,城市和农村的样本量分别为354人和179人。该数据搜集了关于被调查者的基本信息,以及研究假设所涉及的到相关变量的信息,如表1。

(二)变量测量

根据研究设计,本文主要关心少数民族国家认同与民族认同形成及变迁的机理,研究的因变量包括民族认同和国家认同,自变量则包括认同过程维度、社会融合维度、政策干预维度和地位分化维度等11个自变量。

(三)统计模型

本研究的因变量民族认同和国家认同是使用李克特量表来测量的,是序次分类变量。这里的数值型取值仅代表某一特定属性的序次,并不反映实际尺度上的大小。[78]213 因此,我们使用次序多项Logit模型 (ordered multinomial logit model) 来进行统计估计。

四、数据分析结果

表2报告了少数民族国家认同与民族认同影响因素定序逻辑回归分析结果。第1列结果是少数民族国家认同的回归方程 (模型1) 各变量的系数值,第2列是少数民族民族认同的回归方程 (模型2) 各自变量的系数值。

图 4-15　“三段论”结构论文实例 3 的“进行验证（实验）”截图

需要注意的是，在“四、数据分析结果”部分，随着数据分析（即进行验证）的进行，“证实 / 证伪”的结论也随之得以呈现。如图 4-16 所示，作者在这一标题下面的“（二）社会融合论题”中，指出“总的来看，表 2 数据支持本论题的研究假设……其影响程度国家认同高于民族认同，支持假设 2c”；在“（四）社会分化论题”中指出“假设 4a 没有得到支持”“假设 4b 得到证据支持”“假设 4c 没有得到支持”等一系列证实或证伪的结论。

四、数据分析结果

表2报告了少数民族国家认同与民族认同影响因素定序逻辑回归分析结果。第1列结果是少数民族国家认同的回归方程（模型1）各变量的系数值，第2列是少数民族民族认同的回归方程（模型2）各自变量的系数值。

(二)社会融合论题

总的来看,表2数据支持本论题的研究假设。

在控制了其他因素之后,我们得出如下分析结果:

首先,就婚姻对少数民族认同变迁的影响而言,在婚与否对国家认同没有显著影响,但是,在婚相较于不在婚而言,民族认同有所增强。

其次,就业与否显著影响少数民族的国家认同和民族认同。其中,就业对国家认同有正向影响,对民族认同有负向影响。即就业有利于增强少数民族的国家认同意识,削弱其民族认同意识,支持假设2b。

最后,社会资本对国家认同和民族认同具有负向影响,系数分别为 - 0. 729、 - 0. 415,其影响程度国家认同高于民族认同,支持假设2c。

(四)社会分化论题

表2数据对社会分化维度的假设所预测的情况要更为复杂。

第一,性别分化对国家认同和民族认同没有显著性影响,假设4a没有得到支持。这与麦切拉斯和沈海梅等人10余年前在西南民族地区调研所得出的观点不同。数据表明,性别对我国西北民族地区的族群意识没有显著差异。这也反映了我国西北与西南民族的巨大差异性,这可能是与西北少数民族的宗教信仰有关系。

第二,收入对少数民族的国家认同与民族认同有着截然相反的显著影响,系数分别是0. 376、 - 0. 362。数据表明,在控制其他因素之后,收入水平越高,少数民族的国家认同程度越强,民族认同意识越弱。假设4b得到证据支持。

第三,教育程度对国家认同和民族认同没有显著性影响。假设4c没有得到支持。这可能是因为: 在市场转型过程中,教育获得对个人社会地位的影响日益衰微,这与计划经济时代的教育获得对个人社会地位具有关键性影响。

图 4-16 “三段论”结构论文实例 3 的“证实 / 证伪”截图

在论文的最后，作者用“五、结论与讨论”作为题目，总结了五个方面的研究结论，如图 4-17 所示，分别是“第一，随着年龄的增长，少数民族的国家认同和民族认同意识呈现相反发展方向”“第二，就业是少数民族社会融合的关键，也是解决民族问题的重要条件”“第三，民族优惠政策执行偏差的消极作用显现，双语教育的积极作用效果显著”“第四，构建民族互嵌型社区及社会结构和促进社会基本公共服务均等化，有利于增强少数民族的国家认同”“第五，‘政党嵌入式’整合是实现国家认同和民族认同有效整合的重要路径”。

这些内容是从“研究假设”及“进行验证”的过程中得出的派生性结论，是对篇头提出的“政治、经济、社会结构的变化在多大程度上以及以怎样的方式影响少数民族的国家认同和民族认同？”这一问题的回应。

五、结论与讨论

当前我国社会转型的大背景下,少数民族国家认同和民族认同意识的变迁与整合是正确处理民族问题的前提,也是检验民族政策效果的"试金石"。本文根据认同过程、社会融合、政策干预和社会分化理论提出相关假设,考察了影响少数民族认同变迁的因素,我们得到了以下五个方面的结论:

第一,随着年龄的增长,少数民族的国家认同和民族认同意识呈现相反发展方向。国家认同与年龄关系呈现正U型,民族认同与年龄关系呈倒U型,青

第二,就业是少数民族社会融合的关键,也是解决民族问题的重要条件。随着西部民族地区市场经济的发展,少数民族就业渠道和空间得到巨大的拓

第三,民族优惠政策执行偏差的消极作用显现,双语教育的积极作用效果显著。民族优惠政策并不像有些研究所认为的那样,增强少数民族的民族意

第四,构建民族互嵌型社区[78]及社会结构和促进社会基本公共服务均等化,有利于增强少数民族的国家认同。民族互嵌型社会结构就是避免阶层

第五,"政党嵌入式"整合是实现国家认同和民族认同有效整合的重要路径。数据表明,党员身份对于少数民族国家认同有正向促进作用。在我国,中

图 4-17 “三段论”结构论文实例 3 的“证实 / 证伪”的派生性结论截图

再来粗略看看另一篇论文，题目是《关于制度变迁的三个假说及其验证》。如图 4-18 所示，这篇论文阐述了有关制度变迁的三个假说，然后逐一对这三个假说结合经验事实进行了验证。这三个假说分别是这篇论文的三个一级标题，即“一、‘同一轨迹上制度变迁的边际效益先增后减’假说”“二、‘政府以行政手段推进市场化进程’假说”和“三、‘制度变迁主体角色定位与角色转换’假说”。三个假说分别完成了“提出假设 + 进行验证 + 证实 / 证伪”的过程后，论文全文也就结束了。

近年来，以科斯、诺思等为代表的新制度经济学在中国倍受重视，许多学者以它作为工具分析、解释中国的制度变革，取得了较为满意的效果。丰富的制度变迁事实确实为制度经济学研究提供了充实的理论素材，不过，仅仅满足于用既有的理论解释现实是不够的，需要以现实考察为基础进行理论上的创新。基于主要对中国制度变迁经验的总结，本文将提出并论证三个关于制度变迁的新假说。

一、“同一轨迹上制度变迁的边际效益先增后减”假说[1]

二、“政府以行政手段推进市场化进程”假说

三、“制度变迁主体角色定位与角色转换”假说

四、结语

经济学的发展永远都是由现实问题导向的。近年来新制度经济学在中国流行的根本原因就在于中国处于经济体制的转轨时期，而中国又是一个最大的发展中国家，其制度变迁的深度、广度是当今任何体制转轨国家所不可比拟的，也是已有的新制度经济学的理论难以完全解释的。我们在近年来的研究和对现实制度变迁的考察中通过对经验事实的考察和抽象及逻辑推理，在本文中提出了属于新制度经济学范畴的三个关于制度变迁的新理论假说：(1) 同一轨迹上制度变迁的边际收益先递增后递减，其变化轨迹呈倒"U"型曲线；(2) 政府行政力量推动市场化改革在一定时期内是可行的，有效的；(3) 制度变迁总是由多元主体参与，不同主体的角色不同，而且可能转换，这主要取决于制度变迁对不同主体的利益的影响，也受制于其他因素。

本文结合经验事实对上述三个理论假说作了具体的验证，希望得到学界同仁的批评和指正。

图 4-18 “三段论”结构论文实例 4 的写作框架设计截图

论文的具体内容就不在这里拆解说明了，感兴趣的话，你可以找来这篇论文认真学习体会。需要说明的是，从这篇论文总体的框架设计上看，这三个假说之间是并列关系。因此，可以把这篇论文视为在“并列式”框架结构的内部包含三个“提出假设 + 进行验证 + 证实 / 证伪”形式的“三段论”的论文。

对于“提出假设 + 进行验证 + 证实 / 证伪”形式“三段论”结构的讨论，就到这里。对于一个纯粹的文科生（比如我）而言，运用这个结构来设计论文的写作框架其实并没有难度。**真正困难的问题在于：要想顺利实施这项研究，你需要在掌握相关数学知识理论的基础上，具备概率分析与数据统计分析的能力，以及对于 SPSS、State、EViews、Python、SAS 等专业软件的操作能力。**鉴于量化研究方法在社会科学领域的应用范围较为广泛，并且近年来某些学科呈现没有运用量化研究方法都很难发论文的趋势，因此，掌握相关基础知识，熟练运用相关软件进行基本的数据统计分析还是非常有必要的。只有适应这种趋势，你才能不断写出更容易发表的论文。

是什么 + 为什么 + 怎么办，“三段论”结构要点与实例拆解

具有“是什么 + 为什么 + 怎么办”形式的“三段论”结构，一般是围绕一个学术概念、理论议题或关键表述，从回答这个概念、议题或表述“是什么”的问题入手来展开研究工作，进而追问“为什么”，探讨“怎么办”。和“发现问题 + 分析问题 + 解决问题”形式的“三段论”结构比较而言，“是什么 + 为什么 + 怎么办”的研究侧重于理论分析、思辨讨论和规范研究，关注的议题更多是理论问题而非现实问题，进行基础理论研究。

先来看下面这篇论文，题目是《美好生活：边疆社会的愿景想望与行进路径》。首先，如图 4-19 所示，论文开篇用一个自然段引出研究议题之后，用“一、美好生活：新时代边疆社会的愿景想望”作为标题，集中回答了“美好生活是什么”的问题。论文指出：“随着中国特色社会主义新时代的到来，我国民众对美好生活的想望逐渐超出传统单向度的经济期盼而转向立体化全方位多层次的复合需求。我国边疆社会由于地缘与文化的双重特征，其美好生活想望更是体现为硬需求与软需求的聚合交汇，体现为物质性需求、政治性需求、社会性需求、精神性需求的多元叠加。”进而，文章从物质层面、政治层面、精神层面、社会层面、生态层面就“美好生活是什么”这个问题进行了逐一拆解与回答。

接下来，论文以“二、边疆美好生活建构的多重困境”为标题，以“现实很骨感”来反衬“理想很丰满”，通过对比分析的方式回答了“美好生活为什么是这样”的问题。如图 4-20 所示，论文从发展失衡、治理困境、

精神困境、风险叠加、生态困境等五个方面分析了边疆美好生活建构遭遇的多重困境，从而很好地回答了“为什么”的问题。

一、美好生活:新时代边疆社会的愿景想望

美好生活是人类社会关于“一个存在普遍真理、正义、善、繁荣与美好的社会”[1]的想望。随着中国特色社会主义新时代的到来，我国民众对美好生活的想望逐渐超出传统单向度的经济期盼而转向立体化全方位多层次的复合需求。我国边疆社会由于地缘与文化的双重特征，其美好生活想望更是体现为硬需求与软需求的聚合交汇，体现为物质性需求、政治性需求、社会性需求、精神性需求的多元叠加。概而论之，新时代边疆社会的美好生活需求包括:

(一) 物质层面的期望:富裕边疆

(二) 政治层面的期许:善治边疆

(三) 精神层面的期盼:文明边疆

(四) 社会层面的期待:和谐边疆

(五) 生态层面的期冀:美丽边疆

图 4-19　“三段论”结构论文实例 5 的“是什么”截图

二、边疆美好生活建构的多重困境

美好生活需求是边疆民众新时代的真切想望，但边疆美好生活建构却深度掣肘于各种地缘劣势与后发劣势、内生型风险与外源型风险、传统安全问题与非传统安全问题，以至边疆美好生活面临着一系列亟需解决的时代难题。

(一) 发展失衡:富裕边疆的历史难题

(二) 治理困境:边疆善治的阿喀琉斯之踵

(三) 精神困境:文明边疆建构的挑战

(四) 风险叠加:和谐边疆建构的两难

(五) 生态困境:经济发展与生态系统的反噬

图 4-20　“三段论”结构论文实例 5 的“为什么”截图

最后，论文以“三、边疆美好生活建构的行进路径”为标题，集中回答了“怎么办”的问题。也就是说，应该采取哪些措施，能够最大限度地实现边疆人民对美好生活的向往？如图 4-21 所示，文章从“边疆经济发展与富裕边疆的建构”“政治社会发展与善治边疆的型构”“精神家园守望与文明边疆的经营”“分配正义与和谐边疆的模铸”以及“绿色发展与生态边疆的再造”等五个方面，集中回答了“怎么办”的问题。

三、边疆美好生活建构的行进路径

边疆美好生活是新时代国家治理必须予以直面的政治议题。面对边疆不充分非均衡发展滋生的诸多风险，我国迫切要求提升边疆治理能力，不断满足边疆民众美好生活需求。这不仅是党和国家"以人民为中心"政治理念的必然要求，而且也是边疆稳定和国家崛起的客观需要。

(一) 边疆经济发展与富裕边疆的建构

(二) 政治社会发展与善治边疆的型构

(三) 精神家园守望与文明边疆的经营

(四) 分配正义与和谐边疆的模铸

(五) 绿色发展与生态边疆的再造

图 4-21　“三段论”结构论文实例 5 的“怎么办”截图

五个方面阐述完后，论文全文也就此结束。

再来看另一篇论文。这篇论文的题目是《政府购买服务中“政社合作”关系的构建》。如图 4-22 所示，论文在介绍了“政府购买公共服务是公共服务供给机制改革的重要举措”后，以“一、政府购买公共服务的源起与制度内涵”作为标题，对政府购买公共服务实践的产生、政府购买公共服务的理论基础，以及政府购买服务与“政社合作”关系的构建三个问题进行了讨论，最终得出“构建政府与社会组织之间良好的合作关系，是推进政府购买服务顺利实施的前提与基础”的结论，集中回答了政府购买服务中的政府与社会组织之间的合作“是什么”的问题。

随着社会经济的快速发展,人们的公共服务需求在短时期内快速增长,因此对公共服务供给提出了越来越高的要求。单纯依靠政府供给,显然难以适应形势发展的需要。政府购买公共服务是公共服务供给机制改革的重要举措。社会组织是政府购买公共服务的主要承接主体。将适合市场化方式提供的公共服务事项,交由具备条件、信誉良好的社会组织承担,是为了发挥政府、市场和社会组织的各自优势,形成改善公共服务的合力,有效解决一些领域公共服务产品短缺、质量和效率不高等问题。构建政府与社会组织之间良好的合作关系,是推进政府购买公共服务顺利实施的前提与基础。

一、政府购买公共服务的源起与制度内涵

(一)政府购买公共服务实践的产生

(二)政府购买公共服务的理论基础

(三)政府购买服务与“政社合作”关系的构建

图 4-22　“三段论”结构论文实例 6 的“是什么”截图

在此基础上，论文进入“为什么”环节，集中回答了“制约我国‘政社合作’关系构建的主要因素”的问题。如图4-23所示，论文指出：“双方合作意愿不强”“社会组织发展滞后”“政府与社会组织承担的责任不明确”“市场机制不完善”等四个因素是制约当前我国“政社合作”关系构建的主要因素。

二、制约我国“政社合作”关系构建的主要因素

近年来,我国各级政府向社会组织购买公共服务的探索逐渐活跃,被普遍认为是推动政府职能转变和服务型政府建设的重要途径。在各地改革实践的基础上,中央政府于2013年专门出台《关于政府向社会力量购买服务的指导意见》,力促政府与社会组织等社会主体形成改善公共服务的合力。尽管我国政府与社会组织合作供给公共服务的迫切性日益突现,但从总体上看,当前我国政府与社会组织之间合作关系的构建仍面临诸多障碍。要顺利实施政府购买服务,有必要分析当前制约我国"政社合作"关系构建的主要因素。

(一)双方合作意愿不强

(二)社会组织发展滞后

(三)政府与社会组织承担的责任不明确

(四)市场机制不完善

图4-23　“三段论”结构论文实例6的“为什么”截图

随后，论文以“三、构建我国‘政社合作’关系的途径”为标题，集中回答了“怎么办”的问题。如图4-24所示，作者提出“转变观念，充分认识公共服务合作供给的重要意义”“明确双方责任，在此基础上构建平等协作的关系”“加大对社会组织的支持力度，提升社会组织供给公共服务的能力”“完善市场机制，发挥市场机制的纽带作用”四点思路，以期在政府购买公共服务过程中构建良好的“政社合作”关系。

三、构建我国“政社合作”关系的途径

(一)转变观念,充分认识公共服务合作供给的重要意义

(二)明确双方责任,在此基础上构建平等协作的关系

(三)加大对社会组织的支持力度,提升社会组织供给公共服务的能力

(四)完善市场机制,发挥市场机制的纽带作用

图4-24　“三段论”结构论文实例6的“怎么办”截图

至此，论文完整地呈现了“是什么 + 为什么 + 怎么办”形式“三段论”结构的全貌。

对于“是什么 + 为什么 + 怎么办”形式的“三段论”结构，我就介绍到这里。受篇幅以及展示方式的限制，这里的拆解说明比较粗略，也只能放几张论文的截图。希望你能结合给出的两篇论文的实例，再去体会一下“三段论”框架设计的逻辑，进而结合这里的讨论，揣摩一下究竟什么性质和议题的论文，更适合用这种形式来做框架设计。

（论点 + 论据 + 论证）×n，“并列式”结构要点与实例拆解

“并列式”结构，是指论文正文的各个组成部分围绕研究议题，从多个相互并列的层面展开论述的写作结构。

“并列式”结构意味着处于并列关系中的这些部分，彼此之间没有严格的逻辑关联，也意味着这些并列的部分哪个排在前面、哪个排在后面，其实是关系不大的。重点在于，每个部分都在支撑着论文的研究议题。如果用一个表达式来代表这种“并列式”，即：（论点 + 论据 + 论证）× n。

在“框架设计”模块的总论部分我曾介绍过自己对这个结构论文的整体印象，但这种介绍除了让你觉得脑洞大开之外，其实很难形成一个直观的感受。所以，我先在这里补充两个论文实例，以资参考。

第一篇论文的题目是《论社会转型中的道德信仰危机》，如图 4-25 所示，这篇论文的大标题以一、二、三……表示，只有序号，没有各个一级标题的题目；小标题则以阿拉伯数字的 1、2、3……表示，同样只有序号，没有各个二级标题的题目。无论如何，这是非常罕见的论文框架结构形式。

再来看一篇。论文的题目是《关于当前中国民族问题研究的 100 个思考题》，怎么样，看到这个题目就已经觉得很不一样了吧？是的，这篇论文由 14 个一级标题（序号 + 题目）和 100 个二级标题（只有阿拉伯数字的序号，然后就是正文陈述）构成。如图 4-26 所示，这篇论文的各个一级标题彼此之间并不存在层层递进、环环相扣的逻辑关系。大体上看，这些标题哪个在前面哪个在后面，基本不会有什么问题，每个标题代表了一

个“论点”。同时，每个一级标题下面由阿拉伯数字表示的各个二级标题及其内容之间也同样是并列关系，先讨论哪个后讨论哪个，也对全文的研究逻辑没有什么影响。

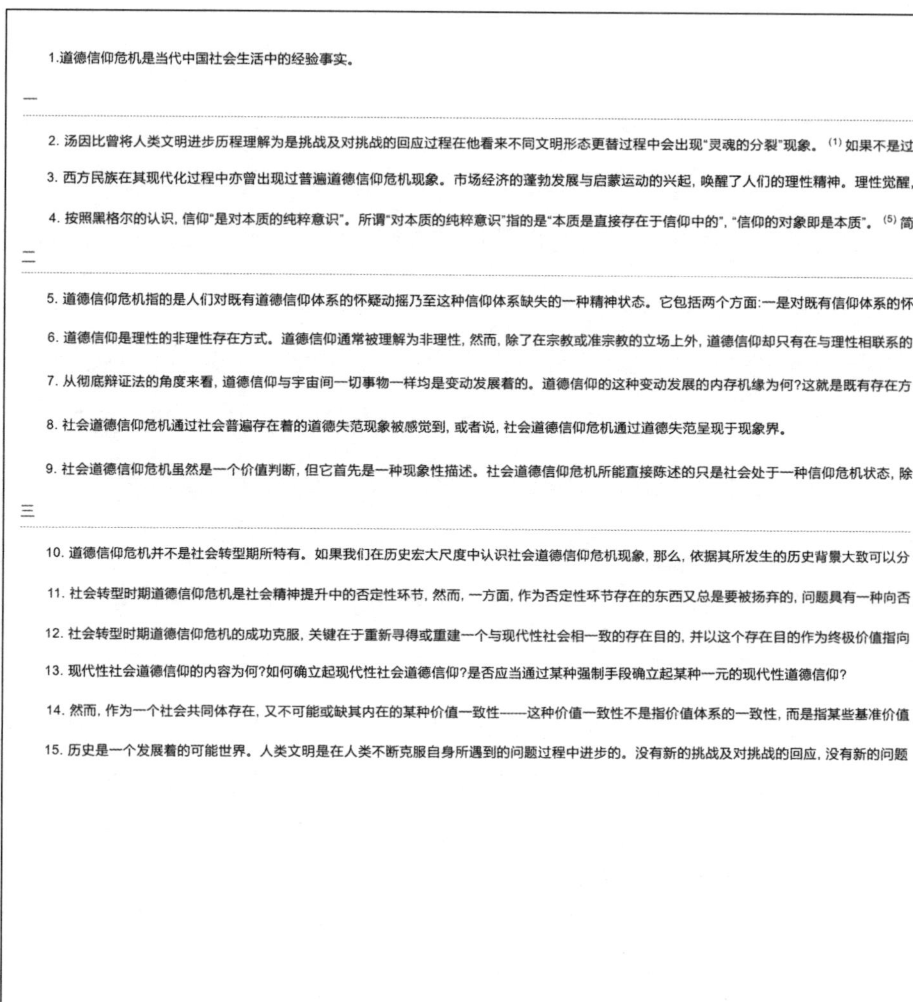

1.道德信仰危机是当代中国社会生活中的经验事实。

一

2. 汤因比曾将人类文明进步历程理解为是挑战及对挑战的回应过程在他看来不同文明形态更替过程中会出现“灵魂的分裂”现象。[1] 如果不是过

3. 西方民族在其现代化过程中亦曾出现过普遍道德信仰危机现象。市场经济的蓬勃发展与启蒙运动的兴起，唤醒了人们的理性精神。理性觉醒，

4. 按照黑格尔的认识，信仰“是对本质的纯粹意识”。所谓“对本质的纯粹意识”指的是“本质是直接存在于信仰中的”，“信仰的对象即是本质”。[5] 简

二

5. 道德信仰危机指的是人们对既有道德信仰体系的怀疑动摇乃至这种信仰体系缺失的一种精神状态。它包括两个方面:一是对既有信仰体系的怀

6. 道德信仰是理性的非理性存在方式。道德信仰通常被理解为非理性，然而，除了在宗教或准宗教的立场上外，道德信仰却只有在与理性相联系的

7. 从彻底辩证法的角度来看，道德信仰与宇宙间一切事物一样均是变动发展着的。道德信仰的这种变动发展的内存机缘为何?这就是既有存在方

8. 社会道德信仰危机通过社会普遍存在着的道德失范现象被感觉到，或者说，社会道德信仰危机通过道德失范呈现于现象界。

9. 社会道德信仰危机虽然是一个价值判断，但它首先是一种现象性描述。社会道德信仰危机所能直接陈述的只是社会处于一种信仰危机状态，除

三

10. 道德信仰危机并不是社会转型期所特有。如果我们在历史宏大尺度中认识社会道德信仰危机现象，那么，依据其所发生的历史背景大致可以分

11. 社会转型时期道德信仰危机是社会精神提升中的否定性环节，然而，一方面，作为否定性环节存在的东西又总是要被扬弃的，问题具有一种向否

12. 社会转型时期道德信仰危机的成功克服，关键在于重新寻得或重建一个与现代性社会相一致的存在目的，并以这个存在目的作为终极价值指向

13. 现代性社会道德信仰的内容为何?如何确立起现代性社会道德信仰?是否应当通过某种强制手段确立起某种一元的现代性道德信仰?

14. 然而，作为一个社会共同体存在，又不可能或缺其内在的某种价值一致性——这种价值一致性不是指价值体系的一致性，而是指某些基准价值

15. 历史是一个发展着的可能世界。人类文明是在人类不断克服自身所遇到的问题过程中进步的。没有新的挑战及对挑战的回应，没有新的问题

图 4–25　“并列式”结构论文实例 1 的框架设计截图

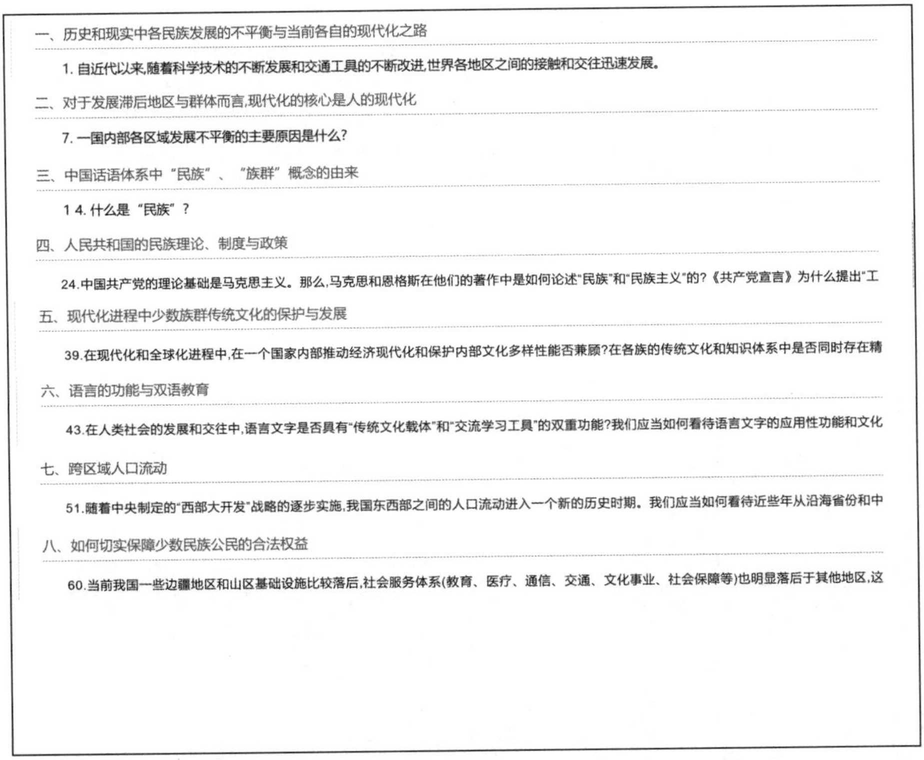

一、历史和现实中各民族发展的不平衡与当前各自的现代化之路

1. 自近代以来,随着科学技术的不断发展和交通工具的不断改进,世界各地区之间的接触和交往迅速发展。

二、对于发展滞后地区与群体而言,现代化的核心是人的现代化

7. 一国内部各区域发展不平衡的主要原因是什么?

三、中国话语体系中“民族”、“族群”概念的由来

14. 什么是“民族”?

四、人民共和国的民族理论、制度与政策

24. 中国共产党的理论基础是马克思主义。那么,马克思和恩格斯在他们的著作中是如何论述“民族”和“民族主义”的?《共产党宣言》为什么提出“工

五、现代化进程中少数族群传统文化的保护与发展

39. 在现代化和全球化进程中,在一个国家内部推动经济现代化和保护内部文化多样性能否兼顾?在各族的传统文化和知识体系中是否同时存在精

六、语言的功能与双语教育

43. 在人类社会的发展和交往中,语言文字是否具有“传统文化载体”和“交流学习工具”的双重功能?我们应当如何看待语言文字的应用性功能和文化

七、跨区域人口流动

51. 随着中央制定的“西部大开发”战略的逐步实施,我国东西部之间的人口流动进入一个新的历史时期。我们应当如何看待近些年从沿海省份和中

八、如何切实保障少数民族公民的合法权益

60. 当前我国一些边疆地区和山区基础设施比较落后,社会服务体系(教育、医疗、通信、交通、文化事业、社会保障等)也明显落后于其他地区,这

图 4-26　“并列式”结构论文实例 2 的框架设计截图

另外，这两篇“并列式”结构论文的共同点还包括：作者都是本学科领域公认的资深专家，文章的下载和引用量也都高于平均水平——尤其是“道德信仰”那一篇，被引频次超过相似选题论文一个数量级。

我找来了两篇“并列式”结构的论文作为实例，一起来做个拆解和分析，感受一下“并列式”结构在具体论文框架设计中的应用。

先来看这样一篇论文，题目是《“80后”青年离婚率趋高的社会学分析》。如图 4-27 所示，论文在对研究议题的社会背景和现实数据进行描述后，指出“本文从社会学视角对‘80后’离婚率趋高的问题进行探讨，分析转型社会时期‘80后’青年一代出现‘闪婚’‘闪离’现象的各种原因”。

近年来，世界许多国家的离婚率都有迅速上升的趋势，欧美国家的离婚率长期居高不下，亚洲许多国家的离婚率已接近欧美世界离婚趋势，韩国离婚率已经飙升至世界第三。中国自改革开放以来，社会结构发生着深刻变迁，婚姻家庭结构也随之出现明显变化，伴随着现代力量不断给传统的婚姻家庭观念带来冲击，我国婚姻家庭结构也面临着严峻考验，一个集中表现就是离婚率的上升。据民政部统计，我国离婚对数已经从1980年的34.1万对，增至2011年的287.4万对，2011年的粗离婚率从1979年的0.33‰上升到2.13‰，约增长了6.5倍[1]。离婚率的持续升高引起了社会广泛关注，尤其是那些生于中国计划生育政策之下、成长于中国经济爆炸式发展的"80后"年轻一代的婚姻问题更值得深思。据不完全统计，从年龄结构看，22~35岁人群已经成为离婚主力军，也就是说，"70后"、"80后"成为离婚高发人群。[2]"80后"离婚率趋高一方面折射出这一社会群体婚恋观的变迁，同时高离婚率也会给社会的稳定带来潜在威胁。本文从社会学视角对"80后"离婚率趋高的问题进行探讨，分析转型社会时期"80后"青年一代出现"闪婚"、"闪离"现象的各种原因。

一、社会变迁与婚姻观变化

二、人口性别比与婚姻挤压

三、自我意识增强和家业分离

四、婚姻替代资源增多

五、父母对婚姻的干预促使矛盾升级

六、离婚成本降低，离婚程序简易化

总之，"80后"群体大多数已经进入婚姻家庭，其婚恋观将继续发生变化。随着我国人口出生性别比居高不下以及婚姻市场挤压状况的日益严重，"80后"群体的婚姻生活和婚姻质量如何在社会变迁以及在与家庭成员互动过程中建构，高离婚率趋势何时得以降低，将成为全社会必须关注和亟待解决的现实问题之一。

图 4-27 "并列式"结构论文实例 3 的框架设计截图

接下来，论文设置了六个一级标题，每个标题就是一个论点，然后从六个方面对"80 后"离婚率趋高的原因进行逐一分析论证。这六个一级标题分别是"一、社会变迁与婚姻观变化""二、人口性别比与婚姻挤压""三、自我意识增强和家业分离""四、婚姻替代资源增多""五、父母对婚姻的干预促使矛盾升级""六、离婚成本降低，离婚程序简易化"。

大家一起感受一下，这里给出的六个方面的原因，彼此之间并不存在逐层递进、步步深入、环环相扣的关系，只是松散的并列关系。六个原因的出场顺序对论文的研究逻辑也没有影响；增加几条原因或者减少几条原因，论文的框架结构也不受影响。并且，每一点的标题就是论点，下面的内容则是支撑这个论点的论据和论证过程。这是较为典型的用"并列式"结构进行框架结构设计的论文。

当论文对上述六个原因的分析讨论结束后，用一百多字的篇幅就研究议题进行了总结，论文也随之结束。文章指出：“总之，‘80后’群体大多数已经进入婚姻家庭，其婚恋观将继续发生变化。随着我国人口出生性别比居高不下以及婚姻市场挤压状况的日益严重，‘80后’群体的婚姻生活和婚姻质量如何在社会变迁以及在与家庭成员互动过程中建构，高离婚率趋势何时得以降低，将成为全社会必须关注和亟待解决的现实问题之一。”

再来看另一篇论文，题目是《解读中国晚清时期政治发展的几种可能线索》。如图4-28所示，论文首先用了一个自然段对晚清时期中国政治发展的整体情况进行了说明，指出很难用西方政治发展理论加以解释，从而提出“究竟该如何解读纷繁复杂的中国晚清时期政治发展”这个问题，引出论文的研究议题，即提出解读中国晚清时期政治发展的几种可能的线索。

中国晚清时期政治发展研究是运用现代政治发展理论来探讨中国晚清时期（1840-1911）的政治变迁，通过对中国晚清历史的梳理和回顾不难发现，在这71年间，中国政治生态乱象丛生，政治事件此起彼伏，政治发展由迟缓到加速，最终促成在中国持续两千多年的封建专制主义政治的覆灭。中国晚清时期政治发展具有迥异于欧美国家的政治发展走势，也因其自身的独特性而使得西方政治发展理论的解释能力遭遇挑战。那么，究竟该如何解读纷繁复杂的中国晚清时期政治发展?本文拟提出解读中国晚清时期政治发展的几种可能的线索，就教于学界同仁。

线索之一:民族危机的冲击与回应

线索之二:民族独立与民主政治的双重追求

线索之三:多种政治力量的博弈与多重发展目标的择定

线索之四:民族性与现代性的错位与冲突

图4-28　“并列式”结构论文实例4的框架设计截图

接下来，论文用四个标题来概括这些线索，分别是：“线索之一：民族危机的冲击与回应”“线索之二：民族独立与民主政治的双重追求”“线索之三：多种政治力量的博弈与多重发展目标的择定”“线索之四：民族性与现代性的错位与冲突”。可以发现：这篇论文的四个一级标题没有用通常的序号（比如一、二、三……）来设计，而是直接把这种次序感放置在线索中，以“线索之一”“线索之二”“线索之三”……来设计标题。同时，每个标题就是一个论点，标题下面的内容则是为这个论点提供论据，进行论证。

当论文对这四个线索的论证结束后，论文也就戛然而止，甚至连最后全文的总结也省略了。这也是一篇较为典型的用“并列式”结构进行论文写作框架设计的论文。

这里列举和分析了四篇“并列式”结构的论文。前面两篇让你领略和见识一下把这种框架设计推向极致的样子；后面这两篇让你更有信心，其实只要研究议题适合，谁都可以用“并列式”结构来做论文的框架设计工作。还是希望你能对照论文，体会这种结构的适用议题，为自己论文写作框架的设计多提供一种可能性。

从理想类型到权变运用，框架设计的进阶之道

在“框架设计”模块的最后这篇文章中，我就论文正文的写作框架设计中需要注意的问题与事项进行说明，帮你更好地运用这种结构化思维，设计出更适合自己论文研究议题和写作风格的论文。

首先，尽信书不如无书，尤其是一本教你如何写论文的书。我在这个模块所给出的结构类型划分是从一种理想化的、便于理解和识记的角度做出的，并不一定对应着你检索到的、阅读着的那一篇篇具体的论文。事实上，哪怕是在前文列举的作为典型实例的论文里，也存在超出结构类型表达式的情况。

比如，我在“总分总”结构要点与实例拆解中举出的《全球时代何以“反对民族国家”——“民族国家终结”、“世界政府”与“全球治理”析评》这篇论文，其整体结构比较符合“总分总”的特征。但是，具体到分论部分，即论文重点讨论的三个代表性观点：“民族国家终结”、“世界政府”与“全球治理”，这三个分论之间则基本是一种“并列式”的结构。因此，可以把这篇论文正文的写作框架视为在整体的“总分总”结构内部，还包含着一个“并列式”的子结构。

再比如，我在“提出假设 + 进行验证 + 证实 / 证伪”的结构要点与实例拆解中举出的《关于制度变迁的三个假说及其验证》这篇论文，虽然文中的“三个假说”都是按“提出假设 + 进行验证 + 证实 / 证伪”的研究逻辑展开的，但从这篇论文正文的总体框架设计上看，这三个假说之间是一种并列关系。因此，这篇论文正文的写作框架设计是在整体的“并列式”

结构的内部，还包含三个“提出假设 + 进行验证 + 证实 / 证伪”的子结构。

因此，学习结构化的框架设计的目的，不是要把这些结构教条化或刻板化，更不鼓励照本宣科、刻舟求剑，幻想一劳永逸。我希望你能在掌握基本推理逻辑（比如，归纳推理、演绎推理和溯因推理 / 反绎推理）的基础上，训练自己论文正文框架设计的结构化思维，然后做到活学活用。认识到这个问题非常重要，否则这个结构化思维很可能会让你自缚手脚，无法帮到你。

其次，牢记“内容为王”，形式再重要，也是为内容服务的。无论选择以何种结构来进行论文正文的框架设计，归根结底要服从和服务于论文的内容。也就是说，什么样的结构最能展现论文的研究议题、主要观点和研究结论，就选择哪种结构。

那么，怎样才能做到这一点呢？这里我想介绍一个“权变”的概念。所谓权变，就是懂得权宜之变，讲得直白点就是见机行事、随机应变、因势利导、因地制宜，讲得专业点就是要在主体、客体和场景之间寻找一个最佳平衡点，从而达到实际效果的最优化。其实在进行论文正文的框架设计的时候，就是要通过“权变”来达到整体效果的最优化，实现形式与内容相匹配，两者相得益彰、交相辉映。

中国台湾政治大学李瑞华教授对于“权变”曾经做出过一个非常生动的解释。他说，权变就是首先建立“不一定”的观念，然后再去尝试突破“不一定”。比如，假设我知道从甲地到乙地有三条路可以选择，但是如果你来问我该走哪一条，我却只能告诉你“不一定”。为什么呢？因为我不知道你啥时候从甲地到乙地，而时段不同，每条路的路况就会大不一样；因为我不知道你的交通工具是什么，所以每条路对你顺利通行的友好程度也是不同的；另外，我也不知道你对这个城市是否熟悉，比如，有一条路很近但需要穿过两个小胡同，外地人很容易迷路。

那么，是不是说“不一定”就可以了呢？还不行。因为只有懂得“不一定”背后的道理，确切地知道在什么时段，选择什么交通工具，在什么样的情况下，走哪条路才是最优选择，认识才上升了一个高度，获得了自己独到的经验。只有在这个时候，“权变”才算真正达到了目的。

如图 4-29 所示，这里展示了一个从 3/4 到 1/5，再到 1/20 的框架设计进阶之道。

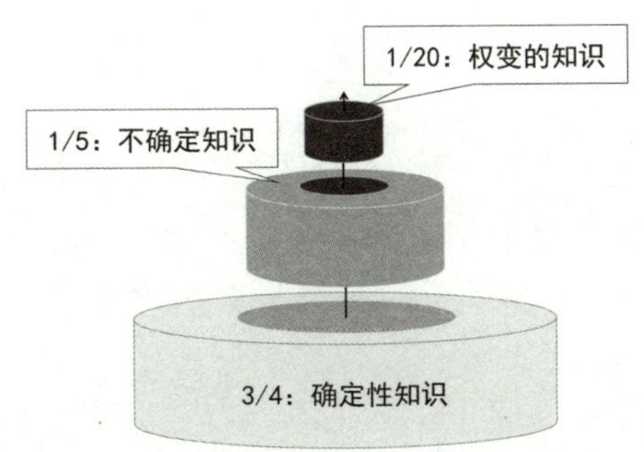

图 4-29　从 3/4、1/5 再到 1/20 的框架设计的进阶之道

如果你知道论文正文框架设计有三种结构，那么你的认识高度处于 3/4 的普通人中，因为基本上翻翻这本书，大家都能知道有这三种结构，这属于“确定性知识”；如果你知道这三种结构，但具体用哪种就“不一定”了，那么你的认识高度就上升一层，进入前 1/5 了，这属于“不确定知识”；如果你不仅知道为什么“不一定”，并且还能找到最适合自己论文正文的结构，那么你的认识高度就进入到前 1/20 了，这属于“权变的知识”。这个时候，这个模块所讲的“框架设计”才能真正成为你的制胜法宝，实实在在地帮到你。

再次，多去学习和模仿自己研究领域最具影响力的论文的写作框架。比如，发表在自己所从事学科的权威期刊上的那些论文，以及自己研究领域内的在文献数据库里被引频次最高的论文，以及你最钦佩也最喜欢的学者发表的论文，都是你学习和模仿的好对象。

学习和模仿是论文正文写作框架设计的捷径，甚至也是全部科研工作的捷径。大家在孩童时期习得的很多技能都来自模仿，现代仿生学的发展也为人类探索未知世界、改变自身生活处境提供了非常强大的推动力量——而现代仿生学的立论基础在于模仿。因此，处于论文写作起步阶段的你，和孩童时期想要茁壮成长的你，是同样的你。学习和模仿那些发表在本学科权威期刊上的、拥有最高被引频次的、你最钦佩最喜欢的学者的论文，是一条不是捷径的捷径。

你可能会说，为啥非得从学习和模仿这些“高端大气上档次”的论文开始呢？这些论文太高端了，我怕是做不到啊。我认为该这样理解这个问题：一方面，如果你学习模仿的这篇论文毫无难度、能轻松驾驭，那这篇论文的水平也就是你现在的水平。想想看，在下象棋的时候，如果想提高水平，是和高手对决，还是找个“臭棋篓子”呢？另一方面，永远别小瞧自己的勇气和潜力，这两者都远比你自己认为的要大。小时候经常因为写作文被老师请家长的我，现在都敢写书了；20 年前在十八线小城市中专院校当宿舍管理员的我，现在都当上博士生导师了。总有一天你会明白，你成长的天花板在于你的认知，而不是你的勇气和潜力。

打开一篇能惊艳到你的论文，认真揣摩体会究竟什么样的选题适合用这种结构来设计写作框架，然后尝试模仿这种结构来搭建自己论文的正文框架，刻意练习，反复实践。只有把读读读、想想想不断地转化为写写写，才能做到熟能生巧，让这些“高端大气上档次”论文的结构逐渐内化为你论文的写作框架。而这个过程只能留给你自己，也必须留给你自己。

> 必须承认：在“框架设计”模块给出的结构类型是理想化的，它的目的是培养你论文写作框架设计的结构化思维，并不一定和每篇具体论文精确对应。
>
> 选择以何种结构来进行论文正文的框架设计，归根结底要服从和服务于论文的内容。想要做到这一点，需要拥有“权变”的智慧，懂得权宜之变，实现论文框架设计与研究议题的相得益彰、交相辉映。从“知道”到“不一定”，再到明白“不一定”背后的道理，这是论文写作框架设计的进阶之道。
>
> 多去学习和模仿自己研究领域最具影响力的论文的写作框架，刻意练习，反复实践，让这些“高端大气上档次”论文的结构逐渐内化成为你论文的写作框架。

第五章

行 文 组 织

论文正文写作中的“第二次创造”

“行文组织”是论文正文写作的“第二次创造”，它会使论文丰满起来，变得有血有肉。本章就行文组织中需要特别注意的几个问题展开讨论。

要确保每句话都通顺，每段文字都自洽

关于论文正文的行文组织，如果只允许我给出一个建议，那就是再次强调标题里的这句话：要确保每句话都通顺，每段文字都自洽。

正如我在"篇头写作"模块针对论文摘要所做的提示那样，要消灭错别字、标点符号错误、常识性错误，确保每句话都通顺。因为如果在论文摘要里出现这个问题，论文大概率就直接被"枪毙"了。如果在论文的正文里出现这个问题，第一次编辑可能会忍着，不和你计较；第二次编辑也许会出于"来都来了，算我倒霉接着看吧"的考虑继续忍着；第三次，第四次……

当你对编辑的忍受能力的极限进行疯狂试探时，你就是在拿自己这篇论文的命运当赌注。

永远不要把一篇正文里充满错别字、标点符号错误、常识性错误、语言不通顺等问题的论文投出去。而且还要再强调一点，那就是每段文字都自洽。否则，这里的每一处错误都可能成为射向你的那颗子弹。

虽然这是论文正文的行文组织里特别低级的错误，但它的发生率、出现这些情况的可能性，要远远高于你的想象。曾经，一篇让我沾沾自喜、洋洋自得的论文被《国际论坛》录用了。编辑为了能让这篇论文顺利发表，特地告诉我：把这篇论文打印出来之后，他再给我打电话。那时我家里还没装打印机，我跑到楼下街边的打印店打印了论文，忙不迭地给编辑回电话。编辑那边挂掉电话又打回来，然后，就有了你正在看的这篇文字。

编辑挂掉电话又打过来是有理由的。那可是长途电话啊，那可是一次通话持续 1 小时 11 分钟，整整 71 分钟的通话啊！事实上，编辑应该提醒

我在接电话之前先去趟厕所的……这是在我职业生涯里难以忘怀的一个电话——因为，这篇在我看来近乎完美的论文，在编辑眼中简直一团糟。好在编辑用极大的耐心和韧性发现了里面的闪光点，让我懂得自己曾经认为的完美是多么不堪，也让我懂得了在确保论文消灭错别字、消灭标点符号错误、消灭常识性错误和消灭语句不通顺等问题的道路上，我还有多远的路要走。

其一，关于错别字的问题。常见的，比如“的、地、得”的正确用法，“作报告”还是“做报告”，“部署”还是“布属”，“发轫”还是“发韧”，“既然”还是“即然”，“以至于”还是“以致于”，等等。在我审稿的过程中，还见到过把“毋庸讳言”写成“无用讳言”的，把“不再赘述”写成“不在智慧树”的（这个我印象最为深刻）；学生的论文里更是经常会碰到让人无语的情况，比如，把“实证”写成“湿疹”的，把“专家”写成“砖家”的，把“教授”写成“叫兽”的……我表示强烈怀疑他/她是不是得罪了自己的输入法。

其二，关于标点符号使用的规范问题。这方面经常能看到的是中英文标点符号混用，或通篇都是英文标点符号的。可以比较一下，中英文标点符号中的逗号、分号、冒号、破折号、问号和感叹号分别是：

【中文】，，；；：：——？？！！

【英文】,,;;::----??!!

放在具体的句子里，两者的差别是这样的：

【正确】小胖说：怎么能这样使用标点符号呢？不，不对——不该是这样的！！

【错误】小胖说: 怎么能这样使用标点符号呢 ? 不 , 不对 ---- 不该是这样的 !!

两者的差别还是很明显的，但以我的个人经验来看，标点符号经常会被混用。你写的是中文论文，全文的标点符号自然要用中文的。至于说脚注和参考文献中出现英文或其他外文的，那自然应该使用英文或其他外文的标点符号。

部分论文还存在中文标点符号使用不对的问题。比如在这种情况下，双引号、书名号之间是不需要加顿号的：

【正确】“金”“木”“水”“火”“土”。

【错误】“金”、“木”、“水”、“火”、“土”。

【正确】《呐喊》《彷徨》《朝花夕拾》。

【错误】《呐喊》、《彷徨》、《朝花夕拾》。

另外，应该是“第一，”“第二，”“第三，”，而不应该是“第一。”“第二。”“第三。”，也不应该是“第一、”“第二、”“第三、”。

其三，关于常识性错误的问题。比如，在一篇洋洋洒洒两万余字的论文里出现了“1849 年，中华人民共和国成立了”“作为一个拥有热带雨林气候的国家，冰岛……”“这是自爱迪生发现万有引力定律以来，国际物理学界最重要的……”这样的错误，一定会让你大为震惊。一定要避免这种常识性错误。

其四，关于语句不通顺的问题。比如下面这些情况：

究其原因，是公共权力主导下缺乏多元利益关切主体之间的协同，需要通过协同治理的方式来加以解决。（这句话缺主语，谁缺乏？）

多民族国家为维护国家统一与稳定，必然要有效地处理国家内部的民族关系，正如马克思、恩格斯在《共产党宣言》中论述“原来意义上的政治权力，是一个阶级用以压迫另一个阶级的有组织的暴力”，在多民族国家中政治与权力的集合体一般表现为政府机构，为了维护国家统一与稳定，政府作为国家政治权力的代表，会通过出台法律、条例、政策等规范公民行为，让社会的发展现状维持在预期的限度之内，政府为了回应民族事务出台了相应的民族政策，这体现了多民族国家以政府为代理人运用政治手段去维护民族、社会、国家内部稳定。（这句话……太长了，反正我是怎么读也读不通的。）

高校作为大学生步入社会前的主要阵地，就业前的择业观、择业心理、竞争意识、责任感与奉献精神都是在这一阶段逐渐形成的，需要高校思想政治教育工作对其进行职业道德教育。（由于缺少“大学生”作主语，这句话成了病句。另外，“阵地”是空间概念，“这一阶段”是时间概念。“高校”作为空间概念起笔，落在时间概念上，比较奇怪。）

最后，再来说说关于“每段文字都自洽”的问题。还是举两个例子来说明一下吧。

先来看第一个例子：

进入大数据时代，巨量数据正在成为一种资源、一种生产要素，渗透至各个领域，而拥有大数据能力，即善于聚合信息并有效利用数据，将会带来层出不穷的创新，从某种意义上说它代表着一种生产力。在这样的背景下，高校学生管理工作要准确把握时代发展的脉搏，充分认识到数据的价值，把握住机遇，开创高校学生管理工作的新局面。

姑且不去考虑语句通不通顺，以及需要改几个逗号为句号的问题，单看逻辑：前面一句话说的是拥有大数据能力的意义，后面一句说的是充分认识到数据的价值，其实不是一回事，这两句话的逻辑是割裂的。

再来看另一个例子：

作为城镇化与信息化深度融合发展的路径，智慧城市建设事业正在蓬勃发展。随着国家“十三五”规划“互联网 +”行动与国家大数据战略的全面实施，全国各地数字城市与智慧城市正加快纵深推进，从传统城市数字化建设的“数字城市”，到依托物联网和互联网实现“全城物联”的“智慧城市”，再到通过数据挖掘，实现城市自身调节与管理的超级人工智能中枢“城市智慧大脑”，城市公共治理正经历着不同版本的升级与变革。

这段文字前面谈的都是智慧城市建设事业本身的发展，结尾却落在“城市公共治理”上，前后文之间缺乏逻辑关联。

在论文正文的行文组织方面，一个最为基础性的问题是要尽力避免出现低层次错误，因为这些错误很可能在第一时间就断送论文的“生命”。

这些低层次错误包括：错别字、标点符号使用错误与不规范、常识性错误、语句不通顺，以及无法做到每段文字都逻辑自洽。

段落之间要耦合，服务于所属标题和上下级标题

如果把各级单列标题，以及标题前后文里那些发挥起承转合作用的引导段落视为一篇论文的“框架设计”，那么，这篇论文剩下的内容，这些由一个又一个自然段所构成的内容，就是“行文组织”所要统辖的范围了。

这些段落和段落之间该是一种什么关系，它们和各级单列标题之间又该是一种什么关系呢？这就是本节想要讨论的问题。

我打算先给出一个整体的、原则性的介绍，再通过论文实例进行拆解分析。

段落与段落之间的关系把握，主要由两个方面的内容来构成，这也是本节标题中给出的两个方面：一个是段落之间要耦合，形成有内在关联的整体；另一个是这些段落都要服从和服务于它们所属的单列标题和上下级标题。

一方面，段落与段落之间是有内在关联的，每个段落都承担着自己的任务，发挥着自己的作用，都是有目的的。段落之间的关系，可以是层层递进、步步深入、环环相扣的，也可以是“一方面＋另一方面＋总之”“其一＋其二＋其三＋……＋此外”“总分总”“三段论”“并列式”……总之，是有内在关联的。另外，这里虽然提及每个段落都有自己的目的，但一定记得“目的纵有千百处，也不包括凑字数”。事实上，当一篇论文需要你绞尽脑汁去凑字数的时候，这篇论文的质量也就堪忧了，凑的字数越多，论文的质量越差，两者呈反相关关系。

另一方面，无论在一个单列标题的下面有几个段落，这些段落都是为

它们所归属的这个标题，以及它的上下级标题提供服务的。每个段落都是完整系统中的构成要素，都像是已经拼装好的乐高玩具上的积木块。不管这个系统是复杂还是简单，也不管这件拼装好的乐高玩具是汽车、飞机还是城堡，每个段落都待在它应该待的地方，不能错位。

这些说法恐怕只能给你一个笼统的印象，很难形成直观感受。来看几个论文实例，通过对这几个实例的拆解和说明，方便你理解段落与段落之间的关系。

先来看这样一篇论文，题目是《依托易班创新开展新时期网络思政教育》，如图 5-1 所示。

互联网时代高校网络思政教育面临的现实困境

互联网时代，思政教育的环境和主客体都发生了深刻的变化，这种变化为高校网络思政教育提出了更大的挑战，传统的工作思路和教育模式面临着现实困境。

一方面，互联网在一定程度上淡化了信息传播者的真实身份，多点对多点的即时传播速度非常快，使得公共话语权极度分散，意识形态主客体的界限愈发模糊，话语权趋向平等。在学校内部，虽然有校园网、学生论坛等网络平台，但内容的丰富性和形式的时代性都不及社会网络，学生分散地活跃在各大社交媒体上，虚拟空间活动的隐蔽性增加了网络思政工作的复杂性和不可控性。

另一方面，网络削弱了传统教育主客体之间既定的权威角色，学生从单一的被动接受者逐步转变为信息的接受者、传播的参与者和有效信息的创造者。调查显示，被称为“网络原住民”的青少年已经从网络社会的生力军变成了主力军，时代环境造就了他们个性、叛逆、反灌输等特点，而教育真正产生实效的前提是信息被受教育者接受。在传统的教育模式下，如果价值观内容不能有效精准地传递给学生，被学生所接受，思政教育就会沦为形式。与此同时，网络正在改变着人们的学习方式，学习的时间、空间、内容、形式都变得更加“泛在”，反映到价值观教育上，如何在显性教育和隐性教育相结合的过程中丰富内容、创新形式成为高校网络思政教育的一大课题。

此外，互联网的发展已经进入大数据阶段，而各高校校园信息化的“孤岛”并未真正联通，导致具有实际意义的教育大数据无法形成。而学生在校园学习、生活、娱乐等方方面面所产生的数据是新时期思政教育的有效参考。

和许多高校一样， 西华大学投入了大量的经费用于网络硬件建设， 确保网络畅通，党政办公、教务管理、图书信息、后勤服务等均实现了网络化。学校投入大量精力建设校园门户网站、新闻网和各类主题教育网站，但是传统的校园网单向发布、缺乏沟通、 趣味性不够、用户分散等问题难以解决，学生被百度、腾讯、新浪等社会网站和微博、微信等互联网应用吸引， 学校始终缺乏一个聚集学生的主阵地，网络思政缺乏实实在在的抓手，校园文化活动缺乏分享交流的平台， 校内信息资源缺乏集中展示的窗口。 学校在意识形态工作、思政教育、 信息化管理与服务、校园文化等方面都难以通过传统的校园网聚集学生、开展有效的工作。 如何切合青年大学生交流习惯，建设一个吸引绝大多数在校学生的网络主阵地，从而有效推进网络思政，成为一个值得探索的问题。

图 5-1　“行文组织”模块论文实例 1 中的段落关系截图

在标题“互联网时代高校网络思政教育面临的现实困境”下面，一共有五个段落。第一个段落只有一句话，指出："互联网时代，思政教育的环境和主客体都发生了深刻的变化，这种变化为高校网络思政教育提出了更大的挑战，传统的工作思路和教育模式面临着现实困境。"这句话其实是为这个标题提供了一种解释和说明，并对下文即将讨论的内容进行了引导。

随后，第二、三、四自然段，和上面说的"一方面 + 另一方面 + 总之"的结构相类似（只不过这里的第四自然段是用"此外"开始，不是"总之"），用"2+1"的形式对互联网时代高校网络思政教育面临的困境进行了分析，分别是：第一，"互联网在一定程度上淡化了信息传播者的真实身份……"；第二，"网络削弱了传统教育主客体之间既定的权威角色……"；第三，"互联网的发展已经进入大数据阶段，而各高校校园信息化的'孤岛'并未真正联通，导致具有实际意义的教育大数据无法形成"。

在这个标题下面的最后一个段落中，论文以西华大学为例，把上面三个段落呈现的"现实困境"具体化，从而让读者从理论分析（第二、三、四自然段）和高校个案（第五自然段）两个层面，对论文标题中指出的"互联网时代高校网络思政教育面临的现实困境"有了全局性的把握。值得注意的是：在最后一个自然段的末尾，论文以"如何切合青年大学生交流习惯，建设一个吸引绝大多数在校学生的网络主阵地，从而有效推进网络思政，成为一个值得探索的问题"作为结尾，从而也为下面第二个大标题"'易班'是互联网环境下高校网络思政教育的有效抓手"内容的讨论做了铺垫。

再来看另一篇论文，题目是《"双循环"新发展格局：深刻内涵、时代背景与形成建议》。如图 5-2 所示，在标题"二、新发展格局提出的时代背景”下面，论文安排了三个自然段进行这一议题内容的阐述。

二、新发展格局提出的时代背景

我国形成国内大循环为主体、国内国际双循环相互促进新发展格局，不仅体现了发展战略转型的内涵，而且适应了国内基础条件和国际环境变化的时代背景要求，同时，也是中华民族伟大复兴战略全局和世界百年未有之大变局“两个大局”不断演化的结果。

从中国的发展看，新中国已走过70多年的历程，特别是改革开放40多年，国家已积累了比较雄厚的物质基础，综合国力已居世界前列。2019年，我国GDP总量接近100万亿元人民币，是世界第二大经济体、制造业第一大国、商品消费第二大国，已经形成了超大规模的大国经济基础。“十四五”时期，我国将在全面实现小康社会的基础上，全面开启中国特色社会主义现代化国家新征程。如果从国内经济循环和国际经济循环的量上看，我国已经具备了以国内经济循环为主体的基础条件。一方面，从生产供给角度看，我国具有最完整、规模最大的工业供应体系，拥有39个工业大类，191个中类，525个小类，成为全世界唯一拥有联合国产业分类中全部工业门类的国家;另一方面，从消费需求看，我国具有规模广阔、需求多样的国内消费市场。2019年，中国拥有14亿人口，人均GDP达到了1万美元，中等收入群体规模为全球最大。如果我们把人均收入在中间收入组水平以上住户作为宽泛的中等收入群体，那么至2018年，我国60%住户可以归为中等收入群体，并且中等收入群体人口数量大体上在5亿至7亿人之间。这无疑是世界上最大的中等收入水平群体，也是潜在的消费群体，为形成超大规模消费市场奠定了人口基础。由于我国存在超大规模消费市场，因而可以形成超大规模的内需，并将会成为未来经济增长的巨大潜力所在。总体而言，我国已经步入到工业化后期，产业链、供应链和消费市场具有满足规模经济、集聚经济要求的条件，具备依靠国内经济循环为主的经济效率基础。近些年，我国在数字经济、电子商务、物流行业、平台模式等方面有较大发展，进一步实现了消费便利、生产流通的规模经济，提高了畅通产业链、供应链的能力[2]。

从国际环境看，世界百年未有之大变局的持续深化，新一轮科技与产业革命的加速拓展，再加之全球新冠肺炎疫情大流行的影响，中国产业链供应链的安全和地位都受到了极大挑战;而促进形成国内大循环为主体、国内国际双循环相互促进新发展格局，正是应对这种挑战的要求。近些年，由于贸易保护主义和新一轮科技和产业革命的影响，全球产业链供应链已经呈现出本地化、区域化、分散化的逆全球化趋势，而新冠肺炎疫情对全球生产网络产生了巨大冲击，致使各国都会从供应链安全角度进行供应链的调整。由此，这也必然会加剧去全球化的趋势，而且全球产业链供应链布局将会面临巨大调整可能。虽然新冠肺炎疫情并未改变各国的成本结构和技术能力，但中国自身的要素成本和中美贸易摩擦走向，仍然是影响我国产业链供应链分工地位的最主要因素;同时，新冠肺炎疫情的负面影响不仅体现为因全球供应链的中断而使风险不断加大，从而威胁我国供应链安全，还在于新冠肺炎疫情极大地强化了欧美企业家、研究者和政策制定者对“去中国化”的主张和决心。因而，这些均会在产业链供应链层面对我国优势地位产生更加深层次的影响。我国在此背景下，将满足国内需要作为发展的出发点和落脚点，加快关键核心技术攻关，以及加快促进国内经济大循环为主体的格局形成，无疑是具有重大的战略意义。然而，我们还必须认识到，全球化的经济效率导向仍是主流，我们必须在更高开放水平上实现国内经济大循环为主体的“双循环”新发展格局。在新冠肺炎疫情影响下，我国经济参与国际经济循环短期会受到明显抑制，供应链会受到侵蚀。相对而言，国内经济循环量“此消彼长”会大幅提高，但不能由此就判断我国国内经济循环为主“双循环”发展格局基本形成。因为这种被动形成的国内循环为主“双循环”的发展格局并不是我们所期望的，而是需要从“被动型”转向“主动型”的国内循环为主的“双循环”新发展格局，即主动挖掘超大规模市场优势和内需潜力，通过加强技术创新满足内需的能力，实现国内循环为主体的“双循环”新发展格局。如果单从数量上看，我国进出口贸易依存度已经从2006年的峰值64%降低到2019年的32%左右[3]。这在一定程度上似乎说明中国已经是国内大循环为主体、国内国际相互促进的发展格局，但其显然不是中央所要求的“新发展格局”。“新发展格局”的战略含义在于把发展的立足点更多放到国内，通过畅通国内大循环为中国经济发展培育新动能、进一步提高中国经济发展质量，从而主动加速国际大循环、带动世界经济复苏，最终形成以国内大循环为主体、国内国际双循环相互促进的新发展格局。

三、从构建完整内需体系入手形成新发展格局

图 5-2　“行文组织”模块论文实例 2 中的段落关系截图

其中，第一个自然段是总括性段落，对它所归属的这个标题“二、新发展格局提出的时代背景”进行了进一步阐释，指出，新发展格局“适应了国内基础条件和国际环境变化的时代背景要求”，从而也为下面两个段落从国内国际两个层面的讨论埋下了伏笔。进而，第二、第三自然段以“从中国的发展看……”“从国际环境看……”作为开头，分别介绍了新发展

格局提出的国内背景和国际背景。三个自然段既各自独立，也相互配合，共同支撑起标题所讨论的议题。

与前面的论文实例有所不同的是：这里的最后一个段落，即第三个自然段并没有为下面的标题“三、从构建完整内需体系入手形成新发展格局”提供起承转合的铺陈与过渡。这里就又需要运用“权变”思维了，每个段落究竟承担什么样的任务，发挥什么样的作用，其实取决于作者的理解和把握，不存在一定的规矩，也不必拘泥于刻板的“必须”，要活学活用、见招拆招。《了不起的盖茨比》的作者菲茨杰拉德曾经说过：“头脑中存在两种截然相反的想法，却依然可以正常行事，这是一流智慧的表现。”

段落与段落之间的关系处理并不存在一定的规矩，不必拘泥。活学活用、见招拆招，一切为论文质量服务，才是最高级的智慧。

段落与段落之间的关系该如何把握呢？这是论文行文组织中的一个重点内容。一方面，段落与段落之间是有内在关联的，而且每个段落也都承担着自己的任务，发挥着特定的作用，都有各自的目的；另一方面，无论一个单列标题下面有几个段落，这些段落都是为它们所属的这个单列标题，以及它的上下级标题提供服务的。

避免三个硬伤：标题少信息、段落无中心与论证不靠谱

论文正文的行文组织中需要避免的三个硬伤，分别是：标题少信息、段落无中心与论证不靠谱。下面一个一个来看。

首先是“标题少信息”的问题。

论文的标题是“框架设计”模块里当仁不让的主角。很大程度上，一篇论文正文的框架结构，就是由各级标题作为四梁八柱，外加这些标题前后段落的穿针引线才搭建起来的。问题在于：作为一篇论文的四梁八柱，标题不仅要“立得住”，更要“立得好”。“立得住”是论文的框架设计问题，而“立得好”则是论文的行文组织问题。

一个好的标题，要在支撑论文的外在框架结构的同时，呈现出论文的内在叙事逻辑，准确传递它所在篇章的核心议题。如图 5-3 所示，一级标题在呼应论文题目的同时，还是这个标题下面全部二级标题、三级标题、四级标题……（如果有的话）以及全部正文内容的火车头；二级标题在呼应一级标题的同时，还是这个标题下面全部三级标题、四级标题……以及全部正文内容的火车头；三级标题……以此类推。

不管是大火车头，还是小火车头，论文的各级标题都要承担双重功能：一个是要能“立得住”，发挥支撑论文框架结构的作用；一个是要“立得好”，发挥引领论文行文组织的作用。

还是来看几个论文实例，这次只看各级标题。

如图 5-4 所示，在一篇题目为《特朗普在任时期“涉民”言论对国内族群关系的多重影响》的论文中，作者设计了这样的标题。

一、大火车头…………………………………	一级标题
（一）大火车头下面的第一个火车头………………	二级标题
1. 第一个火车头下面的第一个小火车头………………	三级标题
第一，第一个小火车头下面的第一个小小火车头………………	四级标题
第二，第一个小火车头小面的第二个小小火车头………………	四级标题
第三，……	四级标题
2. 第一个火车头下面的第二个小火车头………………	三级标题
3. ……	三级标题
（二）大火车头下面的第二个火车头………………	二级标题
（三）……	二级标题
二、第二个大火车头…………………………………	一级标题
（一）第二个大火车头下面的第一个火车头………………	二级标题
（二）……	二级标题
三、……	一级标题

图 5-3　作为行文组织“立得好”的各级标题及其关系图示

《特朗普在任期间“涉民”言论对国内族群关系的多重影响》

一、直接影响与间接影响……………………………………

（一）直接影响……………………………………

（二）间接影响……………………………………

二、短期影响与长期影响……………………………………

（一）短期影响……………………………………

（二）长期影响……………………………………

三、积极影响与消极影响……………………………………

（一）积极影响……………………………………

（二）消极影响……………………………………

四、全局影响与局部影响……………………………………

（一）全局影响……………………………………

（二）局部影响……………………………………

图 5-4　行文组织“标题少信息”论文实例 1 的各级标题图示

如果不去推敲这些标题之间是否存在交叉重合的内容，单看这四个一级标题和八个二级标题，其实它们很好地完成了“立得住”的任务。这篇论文的结构一目了然，直观且清晰地把论文的分析框架呈现在读者眼前。

然而，当用“立得好”为标准再来观察这些标题的时候就会发现问题，由于缺乏必要的信息量，很难通过这些标题来了解到论文的主要观点和讨论内容。“直接影响与间接影响”“短期影响与长期影响”“积极影响与消极影响”“全局影响与局部影响”究竟是什么，读者是无法知晓的。因此在我看来，这是一个典型的“标题少信息”的实例。

再来看另外一篇论文的各级标题。如图 5-5 所示，论文的题目是：《冲击与回应：我国主流意识形态建设向度分析——兼评“普世价值”思潮的缘起及实质》。在这篇论文中，作者设计的各级标题如下图。

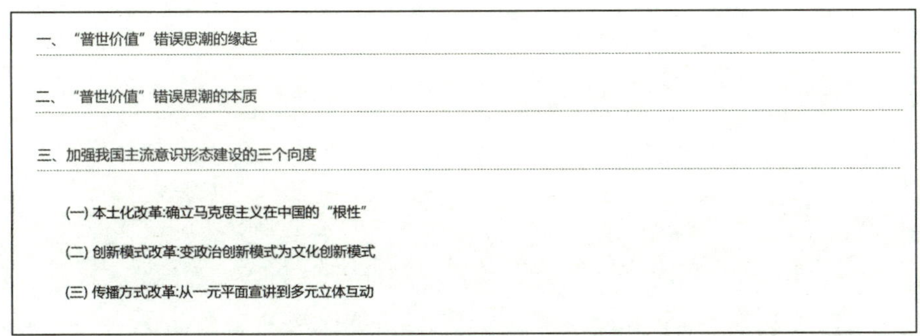
一、“普世价值”错误思潮的缘起

二、“普世价值”错误思潮的本质

三、加强我国主流意识形态建设的三个向度

(一) 本土化改革:确立马克思主义在中国的“根性”

(二) 创新模式改革:变政治创新模式为文化创新模式

(三) 传播方式改革:从一元平面宣讲到多元立体互动

图 5-5 行文组织“标题少信息”论文实例 2 的各级标题

我的体会是：通过各级标题，读者既能了解这篇论文的框架结构，解决了“立得住”的问题，同时也能通过这些标题来了解论文的主要观点。尤其是通过“（一）本土化改革：确立马克思主义在中国的‘根性’”“（二）创新模式改革：变政治创新模式为文化创新模式”和“（三）传播方式改革：从一元平面宣讲到多元立体互动”这三个标题，可以了解论文对于如何加强我国主流意识形态建设的观点，从而解决了“立得好”的问题。

其次是“段落无中心”的问题。

之前，我在“段落之间要耦合，服务于所属标题和上下级标题”那一节中专门讨论了段落与段落之间的关系问题，现在要进入一个段落的内部，看看什么样的段落行文组织是好的，什么样的段落行文组织是差的。

在我看来，一个段落的好与差，是看它能否有效组织构成这个段落的每句话，从而让段落里的每句话都为这个段落提供服务。换句话说，也就是把之前讨论的段落之间的关系，落实在一个段落内部的每句话之间。

一个段落内部的每句话都是存在内在关联的，每句话都承担着自己的任务。而句与句之间的关系，可以是层层递进的，也可以是“总分总”“三段论”“并列式”的；也可以把段落视为一个系统，构成这个段落的每句话就是这个系统中的构成要素，就是这件已经拼装好的乐高玩具上的积木块。每句话都待在它应该待的地方，不能错位。此外，**一个好的段落，通常会在段落开始的第一句话（也可以是最后一句话）概括这个段落的核心观点，这句话也叫“中心句”。**

还是列举一篇论文中的段落实例，一起体会一下。

这是一篇有关“世界百年未有之大变局的新特征”议题的论文。在“经济全球化与‘逆全球化’的碰撞”的标题下，有这样一段文字：

随着经济和社会不断发展，特别是科学技术的进步，各国通过跨国公司在经济贸易之间的联系越来越密切，使得跨国公司利用资金、技术、劳动力等生产要素在全球范围内实现了资源的最优配置，实现了贸易自由化、生产国际化、资本全球化，世界逐渐连成一个整体。经济全球化是社会生产力发展的客观要求和科技进步的必然结果。从15世纪后殖民扩张和第一次科技革命使得世界市场初步形成，此后全球联系交往日益密切，经济全球化不断深化，直至“二战”结束后，进入飞速发展的阶段。进入新世纪，移动通信、人工智能、大数据等新一代信息技术的重大突破和广泛应用，进一步促进了新的生产力的发展，为世界的发展和人类的生产生活带来了翻天覆地的变化，为经济全球化提供了必要的技术支持。

可以看出：这段文字是在介绍经济全球化的发展。然而通读下来，却很难找到这段文字的主要观点和核心议题，也看不出叙述的线索和逻辑。这就是比较典型的“段落无中心”问题。具体而言：其一，没有中心句，或中心句不明显，不能立刻被读者识别；其二，无法确定构成这个段落的四句话之间的关系，既不是平行关系也不是递进关系，也看不出“总分总”“三段论”“并列式”的结构；其三，第三句话不通顺，“从……和……”搭配不当，应该是“从……到……”。另外“二战”的正式说法应该是“第二次世界大战”，如果文中多次提及，可以注明简称“二战”。

鉴于存在的这些问题，我对这个段落进行了调整和修改，来看看情况是否有好转：

经济全球化是一个渐进的历史过程，同时也是生产力发展和科技进步带来的必然结果。从15世纪后期欧洲国家的殖民扩张到18世纪60年代英国发起的第一次科技革命，世界市场逐步形成，全球交往日益密切，经济全球化态势开始出现。及至20世纪中叶第二次世界大战，特别是90年代美苏冷战的结束，经济全球化进入加速发展时期。跨国公司在这一时期异军突起，快速实现了资金、技术、劳动力等生产要素在全球范围内的最优配置。进入21世纪，随着移动通信、人工智能、大数据等新一代信息技术的重大突破和广泛应用，人类的生产生活方式发生了翻天覆地的变化，世界正在以前所未有的速度和规模连接在一起。

最后是“论证不靠谱”的问题。

所谓论证不靠谱，就是在正文观点的论证过程中，存在重大或明显的逻辑纰漏，就好比在论证过程中出现了类似“不想当将军的士兵不是一个好厨师”的神逻辑。必须承认，这种情况对于一篇论文的学术质量和研究价值的打击基本是毁灭性的，属于“千里之堤，毁于蚁穴”和“压垮骆驼的最后一根稻草”级别的问题。

一旦出现这类问题，很容易被编辑和评审专家抓到硬伤，这篇论文的发表之路也就就此终结了；退一步讲，就算蒙混过关、侥幸发表，被读者和学界同行看到后，往小了说，成了笑柄，往大了说，有被举报学术不端的风险。而且期刊也会跟着倒霉，办刊质量遭遇质疑。

还是举几个论证不靠谱的实例，一起来感受一下。

比如，有论文是这样进行论证的：

有研究指出：“在对西方女权主义文学理论的吸收与借鉴中，中国文学批评界对女性意识的认识产生了西化与本土化两种倾向，由此形成了不同的女性文学批评话语方式。”这一论述无疑证明了中国文学批评界对女性意识的研究实践是成功的。

真是神逻辑，这种“因为所以”的关系，我是真没看出来。

比如，在一篇讨论“‘河长制’的长效机制探索”问题的论文中，前面的三个小标题分别是“1. 河湖管护水平得到强化”“2. 采砂秩序得到持续改善”“3. 专项整治取得显著成果”，然后在结论部分话锋一转，“综上所述，当前我省‘河长制’实施过程中还面临一系列严峻挑战，存在一系列实践困境，亟待探索长效机制”。这种脑回路，简直是车开得方向盘都甩出天际了。

再比如，我曾经看过一篇论文，大致意思是：通过对某个监狱多名在押的犯有“故意伤害罪”的罪犯的调查，发现“受害者先动手”是这类案件的共性特征。论文做了多变量之间的相关性分析，绘制了很多漂亮的图表，得出一个研究结论：避免自己遭受严重身体伤害的关键在于“不要先动手”。这个论证过程可能高级了点，但稍加分析就会发现，这里很有可能存在一个“幸存者偏差”，也就是说，那些身体受到严重伤害的人或者已经离世了，或者还在住院治疗，或者没有被关进监狱。“受害者先动手”很可能只是这些在押罪犯的辩词。

在进行论证的时候，要学习一些基本的方法，了解一下归纳法和演绎法的基本逻辑，学习一些比较基础的逻辑学知识。另外，建议你在打磨论证思路上多下功夫，想清楚了再落笔进行论证。否则，写着写着就被文献和引文带偏了，出现明显的逻辑纰漏。

在论文正文的行文组织中要避免三个硬伤：标题少信息、段落无中心与论证不靠谱。

一个好的标题，除了承担搭建论文框架结构的任务外，还要呈现论文的内在叙事逻辑，准确传递它所在篇章的核心议题。一个好的段落，要能对构成这个段落的每句话进行有效组织，从而为段落的中心思想提供服务。一般而言，好的段落要在开篇第一句话就点明中心思想。一个好的论证，要避免出现重大或明显的逻辑纰漏，确保做到逻辑自洽。

恪守规范，是文章被称为学术论文的形式底线

谈及论文正文的行文组织问题，就不能不提到学术规范。

一篇文章之所以被称为学术论文，一定要符合最为基本的规范要求。正所谓："家有家法、行有行规。"学术规范的要求，其实随手翻阅一个学术期刊的《投稿须知》或《征稿启事》，基本都能查到。

当然这里的问题是：不同期刊对投稿论文的规范要求有很多细微的差别，如果你已经锁定投稿的目标期刊，那么直接按照这个期刊的要求来做就可以；如果没有锁定目标期刊，那么我在这里粗略概括的这几点共性，可以供你在正文写作时参考——论文的篇头（题目、摘要和关键词）和篇尾（注释和参考文献）的规范问题，本书都有专门的模块来介绍，所以这里只谈正文部分的规范问题。

首先，一篇论文的正文字数应该是在 1 万到 1.5 万字之间。而且近年来，期刊对单篇论文的字数要求有普遍增加的趋势。这意味着撰写论文的字数，要朝着 1.5 万字去努力，甚至要超过这个字数。

出现这个趋势，其实很好理解。因为增加单篇论文字数有助于提高期刊的"影响因子"，而一个期刊的影响因子越高，就代表它的影响力越大。比如，世界级的顶尖期刊《自然》的影响因子通常在 40 左右，医学界的顶尖期刊《柳叶刀》的影响因子一般能达到 50 以上。国内的北大核心、CSSCI 等级别来源期刊的评选，核心指标也是影响因子。因此，如果想在影响因子高的期刊上发表文章，至少要保证论文的字数能达到这些期刊的

用稿门槛。

影响因子是如何计算的呢？从方便理解的角度讲就是：一个期刊在过去两年之内发表论文的被引数，除以它这两年发表的论文数。举个例子，某期刊在过去两年一共发表了100篇论文，然后这些论文被引用了200次，影响因子就是200除以100，等于2。

虽然这个计算方法饱受诟病，但在更科学、客观、合理，也更容易被接受的指标出来之前，期刊也只能妥协于影响因子。那么，怎样提高影响因子呢？很简单，努力扩大分子（被引数），减少分母（论文数）。于是，在被引数不确定也不可控的条件下，减少论文数量就成为最有效的操作办法。

版面不变，怎样减少论文数量呢？很简单，增加单篇论文的字数就可以。所以，你不仅要把论文写得足够好，还要把它写得足够长。十年前写一篇七八千字的论文是可以发表在CSSCI期刊上的，现在恐怕字数要翻倍才可以。你经常看到人们在谈论“内卷”，如果写论文的人都在“内卷”，那么期刊又何尝不是呢？

其次，一篇论文各级标题的数量和格式是有要求的，不要突破底线。一般而言，一级标题的数量不要少于三个；如果有二级标题的话（最好是有），它的数量要大于等于两个；论文单列标题的层级最好控制在三级以内，不要超过四级，层级过多，论文就太细琐了，难以展开充分的论证。

标题序号的格式也有一定的规矩。一般一级标题要单列，格式为“一、二、三、……”；二级标题也要单列，格式为“（一）（二）（三）……”；三级标题可以单列，也可以作为所在自然段的第一句话，如果是单列的话，格式为“1.2.3.……”，如果是作为所在自然段的第一句话，则格式可以根据实际需要设计为“第一，第二，第三，……”，也可以是“一方面，另一方面”。需要注意的是，单列标题的末尾一般不要加标点符号，但作为所在自然段第一句话的标题，末尾需要加句号。

再次，正文的行文中一定要有引用或者转述，然后在引用或转述的后面注明出处。论文是要在前人研究成果的基础上提出自己的观点和主张，是要和学界同行进行交流和对话的。因此，缺少引用或转述的论文，严格来讲已经不是论文了。事实上，很多期刊在《投稿须知》里有明确的要求，缺少研究综述的论文是无法进入评审流程的。

如果你处于论文写作的起步阶段，我觉得应该多做引用，少做或不做转述。如果前人研究成果中的某句话可以很好地支撑自己的观点，为论文的论证服务，那就踏踏实实、原原本本、一字不落地把这句话复制粘贴过来，放在论文的文本中，然后把这句话完完整整地用双引号标识出来，在双引号的结尾加上脚注，在页脚或文末注明出处。这种引用的方式就是直接引用，简称“直引”。这是最为基础的学术训练，也是最符合学术规范的引用方式。

转述的弊端有两个：一个是不够严谨，有时候很难看出转述观点的起点和终点，引起误读；另一个是转述的时候毕竟需要再次加工，能否完整准确地反映原作者的本意，也是一个大问题。如果转述不准确的话，会有断章取义、夹带私货之嫌；长篇大段地转述，出处又标识得不够清楚的话，就更涉嫌抄袭剽窃，触碰学术伦理底线。

最后，要努力做到表述方式学理化，同时也要避免为了学理化而“学理化”。

论文符合学术规范的一个基本要求是表述方式的学理化，它包括使用本学科领域的专业术语进行写作，有论点、论据和论证过程，文章各组成部分存在科学严谨的逻辑关系等。只有具备学理化“调性”的文章才是学术论文，它是一篇文章之所以被称为论文，而不是诗歌、小说或散文的内在特征。不是说诗歌、小说或散文就不好，而是说你干什么就要像什么。用写小说的“调性”来写论文，和用写论文的“调性”来写小说，同样都是不符合规范要求的。鉴于我在第三章《篇头写作》中对于什么是“学理化”有过比较详细的介绍，参考那一章来把握学理化问题就可以了，这里不再赘述。

还要防止论文走向另一个极端，为了学理化而“学理化”。这种问题是把学理化片面理解为“不说人话”，刻意要把文章写得晦涩艰深、故弄玄虚，还要似是而非、云里雾里。这种假装“学理化”的主要表现有：生造词句；喜欢使用结构复杂的长句和复句；过度引用，一句话不加上两个脚注标明出处就觉得自己不学无术；过度阐释，一个概念不说出十种解释就认为自己孤陋寡闻……这些都是为了学理化而“学理化”，应该避免这些情况。

一篇高质量的学术论文，最好是能做到让本专业领域大学三、四年级的本科生看得懂。这才是好论文的标志。与其追求高深莫测，不如追求浅显易懂。

一篇文章之所以被视为学术论文，一定是要符合学术论文最为基本的规范要求的。

一篇高质量的论文应该在学术规范上做到：其一，字数控制在 1 万到 1.5 万字之间，同时要做好把论文越写越长的心理准备；其二，各级标题的数量和格式符合规范要求，一级标题不要少于三个，二级标题要大于等于两个，论文单列标题的层级最好控制在三级以内，不要超过四级；其三，正文行文中一定要有引用或转述，然后记得严格注明出处，起步阶段最好多去直接引用，避免转述；其四，要努力做到表述方式学理化，同时也要避免为了学理化而“学理化”。

文风淬炼，是论文超越“八股文”的气质追求

学术论文不受待见、让人望而生畏的重要原因在于：它似乎总是散发着一股浓重的“八股文”气息，迂腐守旧、古板教条，让人提不起精神。

在我看来，这些其实都属于认知偏见。学术论文当然会有一定的规矩，但仔细想想，每种文体的写作，甚至每一种创造性劳动的成果，不也都有自己的规矩吗？你会因为七言绝句对于格律的严格要求而讨厌“两岸猿声啼不住，轻舟已过万重山”这样的经典诗句吗？你会因为小说需要有时间、地点、人物、事件、经过和结果这些要素而拒绝阅读所有的小说吗？你会因为一首歌里只有七个音符而讨厌这个世界上的每一首歌吗？

大家讨厌的其实只是平庸和枯燥，并不讨厌规矩。

回到论文，有规矩并不等于不好，更不该成为写不出高质量论文的借口。事实上，那些被业内公认的好论文并不是不守规矩，而是懂得在遵守规矩的基础上，让自己变得与众不同。

进行文风淬炼，使论文拥有遵守规矩却又超越规矩的“气质”追求，就是非常好的方法。

文风淬炼，就是通过写作过程的反复实践，使你的论文形成一种独具魅力、自成一体的行文风格。论文是一种文体，一种学术文体。虽然学术文体的规范性、学理性和严肃性决定了它不可能像网络段子手创作的那些段子一样风趣幽默、脍炙人口，但既然它有自己的文体，你就可以在它的

文体规矩内去追求行文的独特性。

以我的观察，如果在自己关注的那个研究领域阅读学习的论文多了，就会有这么一种感受——那些业内公认的资深专家的论文，辨识度还是非常高的。你也许也遇到过这种情境：下载了上百篇论文，然后一篇一篇打开来，看过去……在不知道论文的作者是谁的情况下，阅读了某篇论文中的几个段落就基本能猜出它的作者，“哇，这篇文章肯定是那个谁谁谁写的”，然后看到作者的名字，会心一笑。

为什么会这样？因为这些作者已经在长期的论文写作实践中，写作风格自成一体、独具魅力，也难以被模仿复制，有自己鲜明的行文风格。这种观察带来的启示在于：文风淬炼应该是每位科研工作者的一种追求，尤其是当你下定决心要长期游走于学术江湖，想在科研体制内分得一杯羹的时候。形成自己的行文风格，是在学界站稳脚跟、打造个人学术品牌和扩大自己学界影响力的重要方法。

千万不要认为学术论文就是“八股文”，就是墨守成规、千篇一律的，千万不能写着写着把自己给写睡着了。论文写作当然要遵从一定的规矩，但所有这些都不能成为你不思进取、不去淬炼文风的借口。

如何才能淬炼文风呢？

*一方面，得去持续不断地写写写。*没有一个长期的、持续的学术写作训练，想要拥有自己的行文风格，不是妄想，就是把缺点当成是风格了。我的经验是：如果有个紧急任务，要求必须在两周之内提交一篇论文，然后废寝忘食，每天奋战 10 个小时终于赶出来了这篇论文，这种高强度、集训式写作是很难培养出行文风格的，尤其是当这个紧急任务完成后，就很长时间不去写作、不去输出论文的时候。

哪有什么一蹴而就？对于淬炼文风而言，最好的办法是每天坚持一定量的学术写作，比如，每天 500 字。这样一年写出的 18 万字，要远远好于 3 个月赶出来的 18 万字，然后休息 9 个月。突击式的论文写作能锻炼抗压能力、考验身体素质、磨砺意志品质、训练思维能力，唯独难以淬炼文风。这也解释了为什么有些人明明博士毕业了，却硬是看不到有任何的写作风格。

想想看，如果想拥有 8 块腹肌，是一天连续卷腹两个小时，然后打 120 被送到医院抢救效果好，还是每天练习 15 分钟，坚持一年效果好？答案显而易见。

*另一方面，边模仿，边思考：什么样的表达方式自己最满意？*虽然我在前面也提到了，模仿是一件非常难的事情，但模仿的目的不是成为让你钦佩的学者，而是要在模仿中发现自己，形成自己的行文风格。这种模仿会为你找到自己的行文风格提供一条捷径，它可以帮你把看起来虚无缥缈的目标落地，变得可执行。因此，我建议你在放下这本书后，就去翻看一下你所关注的研究领域的那些鼎鼎大名的学者的近期作品，然后选择其中一位让你最为钦佩的，开始模仿。

在模仿的过程中，还要不断思考一个问题：什么样的表达方式自己最满意？通常而言，自己最满意的表达方式，也是自己最擅长的表达方式。而所谓的行文风格，说白了就是用自己最擅长的表达方式，去表达自己的观点，去为这个观点进行论证。然后，也许半年，也许一年，不知不觉，很可能在你已经忘记还有行文风格这回事的时候，你的写作也就有了自己独特的行文风格。

好的论文不是简单的墨守成规，也不会刻意追求标新立异。它能在两者之间保持一种恰当的平衡。

在开始论文写作的起步阶段，就要有意识地去培养自己的行文风格。在我看来，淬炼文风的意义可能不逊色于研究领域的选择。越早形成独具魅力、自成一体的行文风格，就越容易在学界站稳脚跟。

淬炼文风是锦上添花，不是雪中送炭。要先把最基础的学术规范做好。比如，避免错别字、标点符号错误和常识性错误，不要出现语句不通顺的问题，保证行文的学理性。在此基础上，再去淬炼文风。

“形式美学”，用刻意的外观设计呈现行文内容美

一篇论文要努力做到符合“形式美学”，也就是要用刻意的外观设计来呈现论文行文的内容美。这样做的好处在于：它能让你的论文在提供一般性的“功能价值”外，还能为编辑和外审专家提供一种特殊的“情绪价值”，让你的论文从众多论文中脱颖而出，拥有高溢价。

比如，你计划要写一篇1万字的论文，然后对这篇论文进行了写作框架的设计。那么，如何在论文的行文中体现“形式美学”呢？我的建议是：要对这个写作框架的每个标题下面的字数分布情况进行预判，做出外观设计。

什么意思呢？如图5-6所示，如果按“总分总”结构来搭建这篇论文的写作框架，那么前后两个“总”的部分，可以各自分配1500—2000字，“分”的部分分配6000—7000字；如果是“三段论”结构，按“发现问题+分析问题+解决问题”的形式来搭建这篇论文的写作框架，那么发现问题部分分配2000字，分析问题部分分配3500字，解决问题部分分配4500字比较合适；如果按“并列式”结构来搭建这篇论文的写作框架，有四个彼此并列的标题，那么每个标题下面分配2500字应该差不多，有五个彼此并列的标题，那么每个标题下面分配2000字比较合适。

看到了吧，一旦对每个标题下面的字数分布有了大致预判，在进行写作的时候，字数目标就会比较明确，不容易出现被文献带偏节奏的问题。以前我在写作论文的时候，由于缺乏这种细化到多少字数的统筹考虑，往往容易出现就某个问题写起来就停不下来的情况。当时认为是思如泉涌，

欣喜若狂，过后冷静一看，才发现离题万里，痛心疾首。

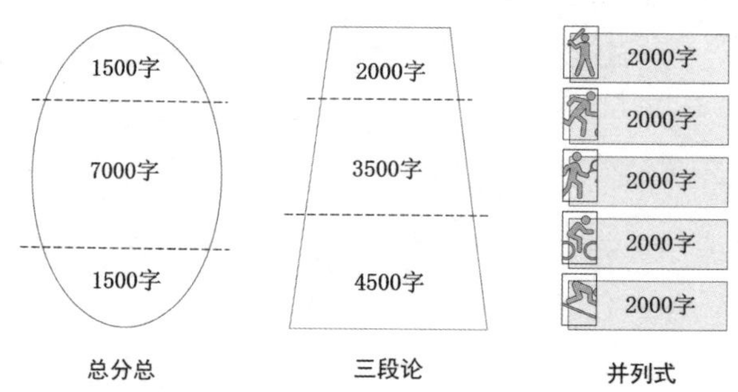

图 5-6　不同论文框架结构在字数分布上的“形式美学”图示

假设要写的论文还是 1 万字，这篇论文包括四个一级标题，五个二级标题，论文的重点部分是在第三个一级标题那里，这个一级标题下面的三个二级标题之间是并列关系。那么在这种情况下，该如何分配字数呢？

如图 5-7 所示，我所理解的符合“形式美学”的字数分布情况，应该是左侧这样的；右侧这种的字数分布就有跑偏之嫌，重点内容分配字数过少，开篇背景介绍、问题提出、研究综述的篇幅过大。这种字数的设计显然头重脚轻，不符合“形式美学”，更重要的是，论文的质量也缺乏基本的保障。

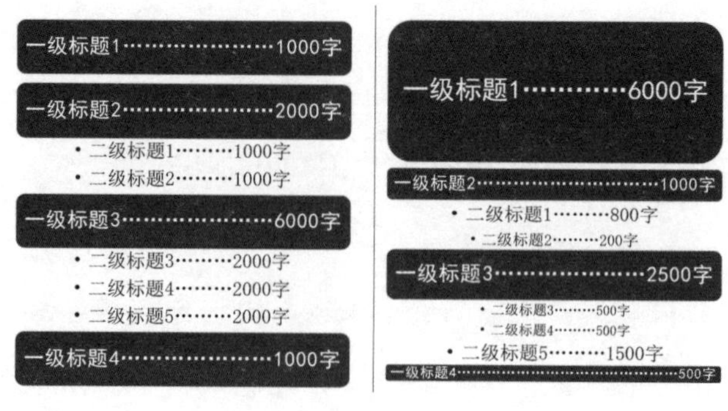

图 5-7　字数分布是否符合“形式美学”的参考图示

人是视觉动物，你要用符合“形式美学”的字数（其实这里也包括图表、公式、模型等内容）分配来呈现论文的内容美。在具体写作中，这个对于字数的预判很有可能会被突破，但这个预判会让这种突破被控制在一个适度的范围内（比如上下浮动 10%），不至于过分跑偏。如果你信马由缰地去写，浪费大量时间精力不说，缺乏掌控感也容易让你的信心遭受打击。

以上我是通过对一篇 1 万字的论文该如何谋篇布局、进行字数的统筹预判为例，来说明论文行文组织重视“形式美学”的重要性。关于用刻意的外观设计来呈现论文行文内容美的问题，我还有下面一些提示。

第一，论文里如果有图表，这些图表要做到清晰、简洁，风格统一。不同学科专业和研究领域的情况可能多有差异，但高级别期刊发表论文中图表的增加，的确是近年国内学术期刊发文的一个趋势。论文里的图示一般包括技术路线图、坐标图、饼状图、柱状图、雷达图等，还有各种数据表格。这些图表要尽量做到清晰、简洁，让读者一目了然，能迅速把握住这些图表所传递的信息。建议用同一个数据处理软件（我用的是 SPSS）或作图软件（我用的是 PowerPoint，是的你没看错）来生成 / 制作图表，记得要让图表的风格保持一致。

第二，论文各级标题的表述方式及行文风格要保持一致。长标题的话，就尽量都使用长标题；短标题的话，也基本都用短标题。最怕长标题和短标题没有规律，还不断变化，这样的论文要是有个“三长两短”可就不能怪编辑了。行文风格也是一样的道理，如果用陈述句的话，就尽量都用陈述句；如果用问答式标题，也要有规律地出现，最怕随性混搭，放飞自我。风格一致的表达方式更容易获得编辑的好感。

第三，论文的格式要严格按目标投稿期刊的要求进行编辑排版。字体、字号规范，标题是否加粗、是否居中，行间距、段间距统一，自然段首行缩进并统一，正文要两端对齐……说得极端点，如果你能把论文的格式调整成期刊发表论文的定版清样的样子，我保证编辑看到后会觉得心头涌起一股暖流，这也太有爱了，对你论文的好感度自然也会提升几个档次。

总之，注重论文的“形式美学”容易让论文在相同质量的论文中脱颖而出，赢得发表的机会；而在这方面存在大量问题、“不修边幅”的论文，则好比先乘坐公交车再换乘三趟地铁，千辛万苦终于赶到高铁站才发现自己忘带身份证那样无助。所以，趁着现在时间还来得及，赶紧补办一个“临时身份证”，先过“形式美学”这一关吧。

作为论文行文组织的要点之一，外观设计对提升论文质量是不可或缺的一环。要努力让论文的外观符合“形式美学”，用刻意的外观设计来呈现论文行文的内容美。

为此，需要对论文写作框架里每个标题下的字数分布进行预判，避免头重脚轻和偏题情况的发生。

此外，论文里如果有图表，这些图表要做到清晰、简洁，风格统一；论文各级标题的表述方式以及行文风格要保持一致；论文的格式要严格按目标投稿期刊的要求进行编辑排版。

第六章

篇尾写作

用参考文献和注释
为论文质量赋能

参考文献和注释一般出现在论文的最后，构成论文的“篇尾”。无论参考文献和注释是被安排在文末还是页脚，它们都很重要。严格来讲，一篇没有参考文献的论文就不能被称为论文；注释虽然不是每一篇论文的标配，但应加而未加，往往会被视为不专业的表现。本章就来谈谈参考文献和注释在选取和写作中需要注意的问题。

权威 + 新近 + 多元，参考文献选取的三个原则

参考文献是一篇论文重要的组成部分。不仅如此，参考文献的质量在很大程度上也决定了你正在撰写的这篇论文的质量。那么，该如何选取参考文献呢？我打算在这里给出三个原则，之后再介绍选取参考文献过程中特别需要注意的两个问题。

第一个原则，也是最重要的原则：权威。

如果你的参考文献是一篇学术论文，那么发表这篇论文的期刊名气越大、级别越高，就越具权威性。例如发表在《中国社会科学》上的论文；发表在你撰写这篇论文所归属学科专业的权威期刊上的论文，比如政治学专业的《政治学研究》，社会学专业的《社会学研究》，民族学专业的《民族研究》，教育学专业的《教育研究》等；发表在本学科专业的 CSSCI 期刊上的论文。或者被你选取的这篇论文没发表在上述级别的期刊上，但被四大中文社科转载期刊（《新华文摘》《中国社会科学文摘》《中国人民大学复印报刊资料》《高等学校文科学术文摘》）全文转载了，那也可以——原因很简单，因为这类出处能为你提供关于这篇论文学术价值的外部公认的评价。

此外，被引频次也是评价一篇学术论文是否权威的参照指标。一般而言，被引频次越高的论文，它的学术价值也相应越高。因此，你应该尽量选取被引频次高的论文来做参考文献。

如果你的参考文献是一本专著、译著或编著，那么尽量选取品牌的专

业出版社出版的著作，这也是评价一本书是否具有权威性的重要指标。国内的出版社，比如商务印书馆、中华书局、中国社会科学出版社、复旦大学出版社等；国外的出版社，比如牛津大学出版社、企鹅出版社、爱思唯尔出版社、约翰威立父子出版集团等，这类出版社出版的著作，再差也不会差到哪里去。

此外，为了确保著作的权威性，还有下面两个维度可以参考。

一个是已经被学界公认的经典著作。比如：马克思主义研究领域的论文选取《马克思恩格斯选集》作为参考文献；政治学研究领域的论文选取柏拉图的《理想国》、亚里士多德的《政治学》、洛克的《政府论》和托克维尔的《论美国的民主》等作为参考文献；社会学研究领域的论文选取卢梭的《社会契约论》、马克斯·韦伯的《新教伦理与资本主义精神》、费孝通的《乡土中国》等作为参考文献。像这样一些经过历史验证的、被学界和时代公认的经典文献，当然是具有权威性的。

另一个是被同领域研究引用频次高的著作。你可以去中国知网的“中国引文数据库”（https://ref.cnki.net/ref）进行查询。如图 6-1 所示，在检索框的左侧选择“被引主题”，在检索框输入著作的名称，点击“检索”就可以查看这部著作的被引用情况了。如果想了解更详细的信息，你也可以点击“高级检索”。外文著作也有相应的检索数据库与检索方式，这里不再赘述。

最后，选取论文选题研究领域内公认的资深专家的著作，或者在学界崭露头角、增势迅猛的学术新锐发表的论文和出版的著作，也是保证参考文献权威的一个不错的选择。

我当然清楚期刊级别的高低、出版品牌的强弱并不能完全说明论文或著作的学术价值。用这样一种单纯“看脸”的方式进行参考文献的筛选，会错过很多好论文和好著作。

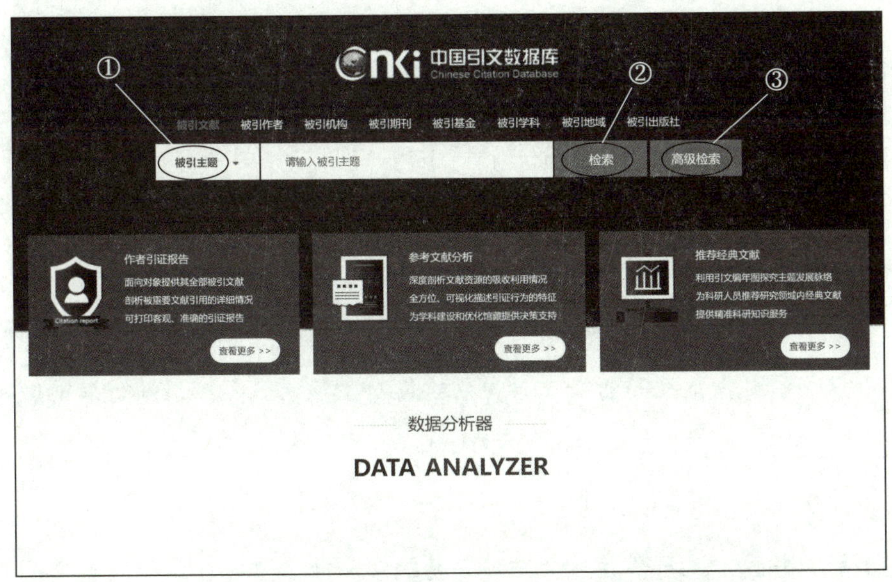

图 6-1 中国知网“中国引文数据库”检索页面截图

但参考文献的筛选就好比是去淘金。一种方法是直接选出最大、最显眼的金块，另一种方法是过滤掉全部的沙子。这两种方法看起来并没有太大的差别，而且第二种方法似乎更好，因为它会帮你找到全部的金子。然而，一旦你把时间精力的投入也视为成本，情况就会不一样：第一种方法肯定会漏掉金子，但会节省你大量的时间和精力；第二种方法会获得全部的金子，但时间和精力的投入几乎是无限的。

当你在撰写论文的时候，时间和精力的成本是一定要考虑进去的。坦白讲，现行科研评价体制并没有为你留下多少过滤沙子的机会。所以，宁可损失一些金子，也必须提高效率——只要你选取的参考文献在概率上是最有价值的，而这种价值又是被业内公认的，就已足够。

论文参考文献的选取是要挑金子，不是要过滤沙子。

第二个原则是新近，第三个原则是多元，我把这两个原则放在一起讲。

一方面，要留意一下新近发表（出版）的学术文献。论文研究选题的不同会导致新近文献在你论文参考文献中的占比有高有低，一般新兴学科、新增研究领域的新近文献会非常丰富，而传统学科、基础研究领域的新近文献会相对比较少。但不管怎样，在选取参考文献的时候至少要关注到“新近”这个维度。新近学术文献在你论文参考文献中的缺失，意味着这篇论文并没有把握和汲取学界研究的最新成果，这一缺失会让编辑和外审专家质疑你论文的前沿性，也质疑你对于该研究领域最新进展的敏感性，甚至质疑你获取新近研究文献的能力。显然，不管是哪种质疑，都会影响甚至耽误你论文的发表。

另一方面，还要留意参考文献来源的多元性。最好在你撰写论文的参考文献中，既有专著、译著、编著，又有期刊论文；既有中文文献，也有外文文献；既有经过时间检验的公认的经典文献，也有新近发表的论文和出版的专著；等等。一般而言，一篇论文参考文献的来源越多元，就说明论文作者所掌握的研究资料越丰富，研究视野越开阔。比较忌讳的是参考文献的总体数量比较少，然后在论文中高频次、大规模地引用某篇论文或某部著作。这样的做法，一是会让你的论文沦为引用论文或著作的“说明书”，从而让编辑和外审专家质疑你论文的原创性和独立性——除非你就是针对某篇论文而写的商榷性论文，或者就是所引著作的书评；二是会增加你论文被认定为抄袭或剽窃的风险。

介绍完这三个原则之后，再来补充选取参考文献时特别需要注意的问题。

第一个问题是要尽量避免引用那些在学界引发巨大争议的作品。除非你是写综述性的、评论性的论文；或者你真的就是打算站队，赞同或批驳这个论著的观点。

为什么要提醒你注意这个问题呢？因为那些在学界存在很大争议的论文或著作往往会拥有较高的被引用频次。如果你是科研新手，或者在其他研究领域有很多积累，但现在是转型来这个对你而言全新的研究领域。在这种情况下，往往容易被表面的被引用频次所蒙蔽，误认为这篇文献的含金量很高。不管出于什么原因，一旦你不恰当地引用了一个存在很大争议的文献，就有可能对你的论文造成负面影响。万一编辑或者外审专家是这个文献所持观点的反对派，他们就很有可能“恨屋及乌”，拒掉你的论文；而引用一个业内公认的观点错误的文献，也会显得你很不专业，很不了解学界的态度。总之，这会影响你论文的顺利发表。

再有，那些因为私生活不检点、学术腐败等问题在圈内甚至社会上引发巨大非议的学者，他们的论著在进行引用时也要格外谨慎。虽然论著和论著作者的私生活不是一回事，这个道理你都懂，可现实世界毕竟不是象牙塔，实然也远比应然复杂。论文写作是发生在现实世界里的实然写作，保全自己远比彰显情怀重要。

第二个问题是别刻意为了保证参考文献来源的多元而牺牲论文的原创性和独立性。为什么我会给出这样一个和前面讨论观点截然相反的提示呢？这是因为，不同研究议题对于参考文献来源是否多元的要求是不一样的。

比如：要研究的是鲁迅的《故乡》这部文学作品，要对这个文学作品进行文本分析，那在论文引文中多次出现《故乡》中的原文，参考文献几乎只有《故乡》和寥寥几篇相关文献，这是没有问题的；或者要研究的是某位学者的某个思想，而这个思想主要集中在这位学者的某篇论著中，那么，在论文中多次引用这位学者的同一篇论著，这也是没有问题的。

在这种情况下，如果你非得去追求参考文献的多元，单纯为了“多元”而进行引用，反倒会降低论文的原创性和独立性。

选取参考文献应该遵循三个原则：权威、新近和多元。

应该选取那些在高知名度、高级别期刊上发表的论文，那些在品牌出版社出版的著作，业内公认顶级学者或学界新锐发表的作品。同时，被引频次越高的作品，其权威性往往也越高。

在尽量提升参考文献权威性的同时，还要留意选取一些新近发表或出版的学术文献，注意参考文献来源的多元性。

选取参考文献还要注意两个问题：一是尽量避免引用在学界引发巨大争议的作品；二是别刻意为了保证参考文献来源的多元而牺牲论文的原创性和独立性。

如何使用参考文献，和如何选取它同样重要

在了解了如何选取参考文献后，再来看看如何使用参考文献。使用和选取的方法同样重要。

经验告诉我：使用参考文献的能力和水平，主要看两个维度：一个是看形式规范，也就是能否符合规范的要求来使用文献；一个是看使用效果，也就是能否把参考文献的作用和功能最大限度地发挥出来。

先来谈谈参考文献的形式规范问题。

其实参考文献的形式规范问题要远比论文其他环节的形式规范问题来得简单。只要严格遵循目标投稿期刊在它的《投稿须知》或《征稿启事》中对于参考文献的格式说明，就能做到让参考文献符合形式规范。这项工作可能会比较烦琐，是个精细活儿，但它并没有多大的难度。而且一旦把这个问题处理好，收益就会很高——因为期刊编辑会认为投稿论文的作者很专业，至少没让自己头疼。

我随便找一个学术期刊《投稿须知》中对于参考文献格式的要求，来一起感受一下。如图 6-2 所示，你瞧，这个格式要求是要具体到标点符号的使用的。

很多产品经理在设计产品的时候，非常注重“用户体验”。其实做好参考文献的形式规范问题，是在提升编辑和外审专家对于你投稿论文的阅读体验。

严格遵循《投稿须知》的要求，做到了参考文献符合形式规范，编辑在对论文进行审阅的时候，就会觉得好棒，这篇论文参考文献的格式规范

居然和期刊的要求是一样一样的！同时这也意味着，如果这篇论文能被录用的话，编辑的工作量也会大大减少。当然，如果你的论文全文都是严格按照目标期刊的格式要求来进行规范的，那自然就更好。

7参考文献标注采用顺序编码制，根据国家标准《文后参考文献著录规则》（GB/T 7714-2015）的要求在论文中进行标注：

(1) 按正文中引用文献出现的先后顺序连续编码，将序列号置于方括号中。

(2) 同一处引用多篇文献，各文献序号在方括号内全部列出，序号间用"，"；如遇连续序号，起讫序号间用短横线连接。

(3) 多次引用同一著者的同一文献时，在正文中标注首次引用的文献序号，并在序号的"[]"外著录引文页码。

(4) 个人著者（责任者）采用姓在前，名在后的著录形式，欧美作者的名用缩写字母（大写），缩写名后省略缩写点。

(5) 主要参考文献著录格式及示例：

A普通图书

主要责任者.题名[文献类型标志].出版地：出版者，出版年：引用页码.

示例：

[1]赵凯华，罗蔚茵．新概念物理教程：力学[M]．北京：高等教育出版社，1995:168.

[2]CRAWFPRD W,CORMAN M.Future Libraries:Dreams,Madness,&Reality[酝].Chicago:American Library Association,1995:26-29.B专著（论文集）中的析出文献

析出文献主要责任者.析出文献题名[文献类型标志].专著（论文集）主要责任者.专著题名.出版地：出版者，出版年：析出文献的页码.

示例：

[1]韩吉人.论职工教育的特点[C]//中国职工教育研究会.职工教育研究论文集.北京：人民教育出版社，1985:90-99.

[2]MARTIN G.Control of Electronic Resources in Australia[酝]//PATTLE L W,COX B J.Electronic Resources:Selection andBibliographic Control.New York:The Haworth Press,1996:85-96.

图 6-2　某期刊《投稿须知》中对于参考文献格式的要求截图

在这里，我想重点提示一下：应该具备推己及人的能力，一定要照顾到编辑的阅读体验。编辑审阅你投稿论文时的阅读体验越好，所付出的工作量越小，那么你这篇论文被录用的可能性也就越大。

关于参考文献的形式规范问题，还要注意直引和转述的选择问题。直引就是直接引用，把参考文献中的某句话直接复制粘贴在你的论文里，然后严格地给这句话加上双引号，确保双引号里面一字不多、一字不少。转述则是用自己的话来复述和转述参考文献中的观点，转述不需要加双引号，但一定要在转述结束的时候加个脚注，讲清楚这个转述观点的出处。如果你是初学者，是科研新手，我强烈建议你尽可能地使用直引，而不是

转述。

为什么这样建议你呢？因为直引的方式，会让引用文字和你论文中的行文边界清晰（有双引号划清边界）；而直引参考文献中的原话也有助于读者原汁原味地体会引用的观点，形成直观的印象和直接的认知。这些都有助于读者更好地理解直接引用的观点，也更容易看出直接引用的观点和论文的关系。

这么看来，转述的弊端也就很明显了。由于转述内容没有明确的双引号作为标识，读者就不容易区分哪些内容是参考文献的观点，哪些是论文作者的观点；另外既然是作者的转述，就有可能出现对参考文献观点的误解和误读，容易造成断章取义的事实，甚至还会被误认为抄袭和剽窃。

再来说说参考文献的使用效果问题。

以我个人的经验：一个高质量的参考文献如果使用不当、放错地方，就很难发挥它的积极作用，甚至会对论文产生负面影响。

一定要意识到：参考文献对于论文而言只是工具和手段，不是价值和目标。参考文献再“高端大气上档次”，它们在论文中的作用（除非是研究综述类的论文）终究是辅助性和支撑性的。

研究综述类的论文，推介中外学界既有研究的主要观点和研究结论，参考文献可以是重点。在这类论文中用自己的文字做些引导、联结、概括和归纳的工作是可以的。但除综述类的论文之外，参考文献的作用都在于支撑观点，推进论证，佐证研究结论。这里的差别在于：综述类的论文可以以展示学界既有观点和研究结论为主，评价讨论为辅；而更多的非研究综述类的论文，这里的主要观点和研究结论只能是自己的。

因此，不能被参考文献带偏了节奏，让论文变成参考文献的“跑马场”，让论文沦为展示学界观点和研究结论的“复读机”。你终究是要越过自己的山丘的，而参考文献只是为越过山丘提供的装备——这些手杖、速干衣裤、登山鞋、睡袋还有帐篷，都只是辅助性的。不能让自己成为这些装备的仆人，成为运送这些装备越过山丘的工具。因为那样的话，越过山丘之后你便会发现没有人等你——编辑、外审专家、读者，都没有。

明确参考文献只是工具之后，下面的问题就容易回答了。比如，在下面这段文字（我自己编的）里，参考文献的使用正确吗？

有研究表明，“二元经济理论把经济划分为两个部门，即传统的劳动生产率低下的农业部门和现代的劳动生产率较高的工业部门”[1]（P20-21）。也有学者将其分别称作“传统经济部门”和“现代经济部门”[2]。在此基础上，刘易斯对两个部门做了如下假设：农业部门使用土地和劳动进行生产，劳动者的工资水平是由传统习惯决定的、维持生存水平的固定报酬，并且高于劳动力的边际产出。工业部门使用资本和劳动进行生产，要素的实际报酬由要素的边际产出决定；同时，工业部门资本家提供全部储蓄，土地所有者则将全部农业剩余以工业品形式消费掉。在这样的二元经济体系中，尽管农业劳动力的边际产出极低，但所有的农业劳动力都得到由习惯决定的平均工资，并且在农业部门没有商业化之前，平均工资具有固定不变的性质。[3]那些边际产出低于制度工资水平的劳动力，由于所得低于其边际贡献，因而被称为剩余劳动力。农业剩余劳动力的边际产出也低于工业部门。总之，“当剩余劳动力从农业部门不断地转移到工业部门，劳动的重新配置就会不断增加经济的总产出，实现经济增长”[4]（P332）。

结合之前的讨论，这段文字对于参考文献的使用至少存在如下问题：其一，开篇以及结尾的“总之”后面，明显应该呈现论文作者的主要观点及这个段落的研究结论，但是非常遗憾，这两个地方都被参考文献抢占了；其二，这段文字的脚注“[3]”所体现的是一个转述文献，转述不是不能用，但上面段落中这个转述的问题在于似乎从“在此基础上，刘易斯对两个部门做了如下假设”开始就是转述的内容了，这是一个典型的论文被参考文献带偏了节奏，让论文沦为参考文献的“跑马场”和“复读机”的错误；其三，纵览整个段落，似乎只有“那些边际产出低于制度工资水平的劳动力，由于所得低于其边际贡献，因而被称为剩余劳动力。农业剩余劳动力的边际产出也低于工业部门”这一句话是论文作者自己的观点，其他内容或直引或转述，都是别人的观点和研究结论。这个段落（算上标点符号）有四百多字，而呈现作者自己观点的文字只有几十个字。除非这是一篇研究综述类论文，否则，这篇论文对于参考文献的使用很可能是失败的。

正如本节标题所言，如何使用参考文献，和如何选取参考文献是同样重要的。

使用参考文献要注意两个问题：一个是形式规范问题，要符合期刊《投稿须知》或《征稿启事》对参考文献的规范要求；一个是使用效果问题，要努力把参考文献的作用和功能最大限度地发挥出来。

对于论文写作的初学者而言，尽量直引而不转述参考文献是个不错的起点。同样要意识到：参考文献对论文而言只是工具和手段，不是价值和目标。对于一篇非研究综述类的论文而言，参考文献的作用在于支撑论文的观点，推进论文的论证，佐证论文的研究结论。而这里的观点、论证和研究结论，只能是作者自己的。

不得不说 + 不能不说 + 平行文本，使用注释的三个场景

在之前的讨论中我曾经说过，一篇论文之所以被称为论文，是因为它具备一系列的结构化要素，比如，题目、摘要、关键词、正文、参考文献和注释等。而在所有这些要素中，只有一个要素不是必须具备的，那就是注释。这一节，就来了解一下注释，以及在什么场景之下才需要出现注释。

以我的经验观察，注释只有在“不得不说”“不能不说”和有必要提供“平行文本”的应用场景下才会出现。因此，在展开对这三个场景的具体介绍前我先友情提示一下，你没有必要为自己的论文中没有出现注释而去纠结。要不要加上一两处注释，才更能体现我论文的气质呀？是不是加上注释之后，这篇论文才更像论文本论呀？……我要告诉你的是：这种担心完全是多余的。注释是有特定的、专属的、严格的应用场景的，没有适合的场景，强加的注释非但不能提升论文的气质，反而会让论文掉价。

第一个场景叫作“不得不说”。

比如：你论文中使用的某个概念或关键表述在学界存在歧义，对于这个概念或关键表述的不同理解，会对论文中的主要观点和研究结论产生不同的理解。在这种场景下，就不得不加上一个注释来告诉编辑、外审专家以及未来的读者，是在什么样的意义上和范围内使用这个概念或关键表述的，以此避免歧义，消除可能出现的误读。其实这类注释的作用主要是厘定概念、划清边界，确定论文研究议题的范围。

再比如：学界对于某个问题产生了两种或多种不同的论调，然后这些不同论调的提出者和拥护者之间展开了争论。在这种场景下，如果你论文

的研究议题也刚好涉及了这个问题，绕不过去了，就不得不加一个注释，把自己对于这个问题的观点明确陈述一下。而且，如果你的论文对这个争议议题的涉及还没有达到“猪撞树上了，你撞猪上了”这种程度的话，你在注释中也要保持克制、点到为止，说清楚自己的观点，最后加上一句“本文无意参与学界争论，只是为了便于论证过程的展开才涉及这个问题”，否则有偏离主题、节外生枝的嫌疑。但如果撰写论文的本意是参与争论、摆明立场、阐释理由，那恐怕就不是是否需要加注释的问题了，而是如何谋篇布局，撰写一篇观点商榷性质论文的问题了，这里不再跟进讨论。

举一个“不得不说”的实例一起体会一下。如图 6-3 所示，这里给出的就是一个“不得不说”的注释。

机器人是否享有公民权，或者说谁来为这些机器人伸张这些权利？这些都是我们今天应该思考的问题。现有的一些研究已经对机器人可能存在的权利进行了一些探讨，并提出了一些新的观念或问题。譬如，第一，机器人应该享有生命权以及保护自己不能轻易地遭到能力的侵害，即拥有电子人格；第二，避免机器人长时间进行奴役性的劳动，即拥有自由权；第三，机器人是否可以有追求幸福的权利，即拥有自由选择消磨其时间的方式［18］46。

另外，从机器人的角度看，他们似乎也需要一个新的“卡尔·马克思”来拯救他们的命运［19］。这个“卡尔·马克思”应当是一个“弥赛亚式”的人物，他将会作为机器人的救世主降临在人世间，纠正过去的一切错误，并对机器人进行救赎①。他会代表机器人与人类

① “弥赛亚”的本意为通过受膏而获得使命的人，他们帮助上帝的选民与上帝签订契约，以此进行救赎。在犹太教以及基督教中，弥赛亚指的是摩西或者是耶稣，他们将会在世间重新建立正义与和平。弥赛亚到来后世界会变得完美。

图 6-3　“不得不说”场景下的注释使用截图

截图中的这个注释如果不加，就极有可能面临来自编辑、外审专家的有关论文秉持“英雄史观”而忽视“唯物史观”的质疑。所以，加上这个注释可以澄清观点、消除误读、划清边界。

第二个场景叫作“不能不说”。

比如：在论文的论证过程中出现了一个历史事件、人物或案例，而这个

事件、人物或案例还没达到业内同行家喻户晓的程度，编辑、外审专家以及论文未来的读者并不一定很熟悉。在这种场景下，就不能不对这个事件、人物或案例进行简要的说明和介绍。同时，这种说明和介绍放在正文中又是不合适的，因为它会打乱论文的结构，破坏论证的节奏，甚至有可能直接干扰编辑、外审专家以及未来读者的阅读。在这种场景下是需要加上一个注释的。

比如：在论文撰写过程中涉及一个观点，这个观点并不是你想要讨论的主要观点，因此在正文部分进行观点论证是没必要的，但如果不做下说明的话，又担心这个观点站不住脚。在这种场景下，就不能不加上一个注释进行简要的说明和论证。

再比如：在论文正文中提及一个数据，这个数据是根据某一时段的官方统计年鉴中的相关数据整理换算出来的，这种场景下也必须加个注释进行说明，否则这个数据就变成无据可考了，会破坏论文的严谨性。

还是举个实例来看看吧。如图 6-4 所示，截图里体现的就是“不能不说”的注释。

与殖民主义的历史遗产紧密相关，两个国家都面临共同的政治整合难题，那就是怎样抵制和消除民族分离主义运动带来的负面影响。与此同时，还有一个共同的问题亟需两国回答，那就是：一个在历史上从来也不曾存在过的印尼民族或者尼日利亚民族，应该如何被建构出来？对于印尼而言，民族分离主义运动主要表现为东帝汶的独立、苏门答腊岛西北部的亚齐民族分离主义运动[①]，以及最东端的西伊里安查亚省的原住民要求独立，其主要活动范围在马鲁古地区。这里除了东帝汶原本就不属于印尼国家范畴，其独立带有某种必然性之外，其他问题的产生则与印尼的多民族多宗教结构、地理空间特点、民族与移民政策失误等问题直接相关。另外，对于中央政府垄断资源和收益分配的不满，也导致印尼民族分离主义运动的

[①] 苏哈托下台后，在亚齐发现了 12 个印尼军队镇压反抗时残杀亚齐人的乱葬岗，从而激起了亚齐新一轮的民族分离情绪，要求独立的呼声不断高涨。参见 John Mcbeth, “An Army in Retreat,” *Far Eastern Economic Review,* November 1999, p.19.

图 6-4 “不能不说”场景下的注释使用截图

文中提及的“亚齐民族分离主义运动”，如果编辑、外审专家和未来的读者不是做东南亚相关问题研究的学者，可能就不清楚这个运动的性质和背景，也就无法判定论文中使用这个例证是否合适。在这种场景中，加上这个注释是十分必要的。

第三个场景叫作“平行文本”。

我更愿意把“平行文本”理解为注释中的一种特例。比如：你认为需要为编辑、外审专家以及未来的读者提供一个理解论文的知识背景，这样便于他们在阅读论文的同时也能了解论文写作关涉内容的历史背景、文献资料、理论来源、逻辑演进以及学界争论等一系列内容。出于这样的考虑，你可以权衡是否需要加一个“平行文本”性质的注释，其实这种注释是为读者提供了一个“按图索骥”的线索，方便读者进行拓展阅读。

如图 6-5 所示，这种注释就是我认为的“平行文本”场景中的注释。

首先必须承认的是，国家认同与民族认同之间的关系问题成为国内学界关注的焦点带有必然性。中国作为典型的统一多民族国家，五十六个民族既共同生活在中华人民共和国的政治屋顶之下，也共同生活在中华民族共同体的“民族大家庭”之中。认同对象的不同以及认同层次的改变，势必影响统一多民族国家的未来。学界对于国家认同与民族认同之间关系的研究逐渐形成两种不同的研究取向，即基于悖论视角的“对立冲突”论①和基于和谐视角的“共存共生”论②。一个基本的判断是，虽然作为“多元”要素的民族认同与作为“一体”

---

① 其代表性论著与观点，可参见[美]鲁恂・W・派伊《政治发展面面观》，任晓，王元译，天津人民出版社，2009，p.81；[美]加布里埃尔・A・阿尔蒙德，小 G・宾厄姆・鲍威尔《比较政治学：体系、过程和政策》，曹沛霖等译，上海译文出版社，1987，p.39；[美]菲利克斯・格罗斯《公民与国家——民族、部族和族属身份》，王建娥，魏强译，新华出版社，2003，p.3；[美]塞缪尔・亨廷顿《我们是谁——美国国家特性面临的挑战》，程克雄译，新华出版社，2005，p.12；郭艳《全球化时代的后发展国家：国家认同遭遇“去中心化”》，载《世界经济与政治》2004 年第 9 期。

② 其代表性论著与观点，可参见斯蒂文・郝瑞《田野中的族群关系与民族认同》中有关“从族群到民族？——中国彝族的认同”部分内容的讨论，广西人民出版社 2000 年版；高永久，朱军《论多民族国家中的民族认同与国家认同》，载《民族研究》2010 年第 2 期；金志远《论国家认同与民族（族群）认同的共生性》，载《前沿》2010 年第 19 期；周建新《和平跨居论》，民族出版社 2008 年版，第 353 页。

图 6-5　“平行文本”场景下的注释使用截图

这种注释如果不是确实必须的话，往往会给人一种卖弄才学的感觉。我的建议是：可说可不说的情况，最好还是不说。

一般而言，注释只在这样的场景中才有必要出现：这个内容放在论文的正文中显得冗余拖沓，但如果不介绍、解释和说明一下的话，又容易出现歧义、导致误读、干扰评判或者缺乏背景知识。只有在这种情况下才需要注释。

注释的应用场景包括如下三个方面：其一，“不得不说”，某个概念或观点在学界存在争议，不加注释进行解释，容易引发对论文观点或结论的误读；其二，“不能不说”，某个历史事件、人物、案例、次要观点以及数据来源如果不在注释中说明一下，容易引起对论文严谨性和援引内容的质疑；其三，“平行文本”，需要为读者提供“按图索骥”的线索，方便读者进行拓展阅读。

我的建议是：“不得不说”和“不能不说”的注释一定要加；“平行文本”的注释，则能不加就不加。

善用注释的好处，提高“颜值”、减少误读、展示实力

当了解在什么场景中有必要使用注释之后，注释对于一篇论文的价值也就呼之欲出了。在“篇尾写作”模块的最后，我想再就这个问题做个简单的说明。

简而言之，善用注释至少有三个好处：提高论文的“颜值”、减少对论文的误读、展示作者的实力。

下面一个一个来看。

首先，善用注释可以提高论文的“颜值”。

注释不是论文的“规定动作”，而是属于“自选动作”。也就是说，有没有注释，并不影响一篇论文成为论文。但是，对于论文质量的提升而言，注释还是有它的价值的。

其一，恰到好处的注释可以为论文锦上添花，成为画龙点睛之笔。论文中，对关键表述、次要观点、数据处理方式的注释，会让编辑、外审专家和未来读者看到一篇富有责任感、精心打磨的论文；同样，对研究方法的运用、分析框架的说明，甚至是对论文研究瑕疵进行反思的注释，也会令人刮目相看、心生敬畏。

其二，恰到好处的注释可以增加论文的设计感，展现论文的形式美。英语有句俗语翻译过来是“魔鬼在于细节”（Devils in the details），对于一篇论文而言，注释的使用在很大程度上就体现了这个“细节”。是否需要注释，以及能否恰到好处地运用注释，无不在检验你写论文的态度，考察你论文写作的质量。

其三，恰到好处的注释还可以表达尊重、承担责任。相信你一定看过这样的注释，它们往往出现在论文首页的页脚：“感谢匿名审稿人的修改意见，但文责由本人自负。”“感谢某某教授在论文写作中提供的宝贵建议，特此致谢！”“这篇论文的数据处理工作主要由我的研究生某某完成，谨表谢意。”……这类注释能够体现论文作者对他人智力付出与脑力劳动的尊重，同时也能表明作者愿意承担文责的态度。这些都是论文质量的加分项。

当然，对于上述内容，反过来理解也是同样适用的。如果注释用得不好，没有做到恰到好处，那么就会拉低一篇论文的质量。那种粗枝大叶、不修边幅的注释会使论文难登大雅之堂。

其次，善用注释可以减少编辑、外审专家和读者对于论文的误读。

这一点很好理解。比如，对于论文涉及的核心概念、主要观点、研究取向加以注释，能够划定论文研究议题讨论的边界，对减少不必要的交流障碍、理解偏差和观点误读具有重要价值。你从事的科研工作可能是一场无限游戏，但具体到每一篇论文，它必须是一个有限游戏。正如任何真理一旦超出了它的适用范围就会滑向谬误那样，你写的每一篇论文，都有它严格的边界。

我在这里所讨论的这些场景下的注释，正是在帮助论文锁定它的适用范围，让它在边界内，以有限真理的方式示人。

再次，善用注释可以展现论文作者的研究水平和学术实力。

其实当你投身论文写作这项事业的时间长了，见得多了，论文作者水平的高低是很容易判断的。很可能就是那区区几行字，作者的水平就能高下立见。当然，如果你没看出这几行字里有什么玄机，那很有可能不是高手不行，而是你不行。这个问题在很大程度上是共通的。

曾经有段时间我非常痴迷QQ上的五子棋游戏，最初到高手对弈的房间去观棋的时候，真心没觉得他们下棋水平有多高，往往看上几步就不耐烦地退出了房间。我听万维纲老师在他的“精英日课”专栏里也讲过类似的情况。他在最初接触高尔夫球的时候，也是经常看不出高手到底强在哪里，看起来都差不多，甚至更笨拙一些。但当我成为QQ五子棋里的“五段”棋手了，当万维钢老师打高尔夫球的水平进阶成“准高手”了，就能发现高手的厉害之处了。记得万老师在他的专栏里不无感慨地说道：等你真正接近高手的水平了，你才会由衷觉得高手是如此高不可攀。

一个“低调奢华有内涵”的注释，很容易体现论文作者的研究水平和学养实力。

再举一个实例体会一下。

比如，在一篇题目为《禀赋效应、产权强度与农地流转抑制——基于广东省的实证分析》的论文中，如图6-6所示，这篇论文有10个注释。此外，在这篇论文首页的页脚还注明了“感谢匿名评审人的意见。当然，文责自负”。

这里的注释3和9，是属于“不得不说”的情况。具体而言，注释3是澄清核心概念的含义、避免歧义；注释9是对关键表述方式“农地转出”的边界限定。

这里的注释1、2、6、7、8，是属于“不能不说”的情况。其中，注释1和2是注明数据的出处；注释6、7是对论文非主要观点的解释和说明；注释8是注明数据出处，以及对于研究背景的说明。

① 数据来源：全国农村社会经济典型调查数据汇编（1986—1999 年），中国农业出版社，2001

② 全国人大常委会执法检查组关于农村土地承包法执法检查报告. http://www.gov.cn/jrzg/201112/28/content_2031998.htm。另外，本课题组 2011 年的全国农户问卷调查的结果为 16.61%

③ 地权的买卖、抵押、租赁等是纯粹市场形式的产权交易，但“典”则是不完全形式的产权交易，相对前者它具有产权模糊的特征

④ 前期的研究表明，农户承包的土地面积越大越倾向于农地转出。计量分析证明，无论是经营权转出还是承包权转出，土地面积的正向影响均具有显著性（罗必良等，2012）

⑤ 已经证明农户务农收入与承包经营权流转存在显著的负相关（罗必良等，2012）

⑥ 当然，农户还会选择合作社进行土地流转，但通常是以股份合作的方式参与，并不是一个土地经营权的“买卖”交易。因此本文不考察这类流转的禀赋效应

⑦ 事实上，农户的农地抛荒往往会降低其土地质量（变为野地或荒地，严重者将难以复原），而将其流转给值得信任的亲友邻居还可能获得良好的“照看”

⑧ 本课题组 2011 年的全国问卷结果表明，参与农地流转的 253 个农户中，签订合约的比例只有 52.77%，进行合约公证的比例仅有 40.56%。而生产大户与龙头企业进行农地租赁时通常会与农户签订正式合约

⑨ 农户是农地承包经营的主体，从扩大经营规模的角度来说鼓励小规模农户的农地转出应该更有现实意义

⑩ 前期研究证明，农户参与养老保险不仅不能降低反而会进一步强化农户保留农地承包权与经营权的意愿（罗必良等，2012）

图 6-6　善用注释能提高论文“颜值”的论文实例 1 截图

以上“不得不说”和“不能不说”注释内容的设计和安排，以及首页页脚的文责说明，会让论文整体看上去非常得体，有明显的设计感，既表达了对于匿名审稿人的尊重，也坦陈了作者文责担当的态度。同时，这些注释也有效降低了编辑、外审专家和读者对论文误读的可能性。

最后，这里的注释 4、5、10，是属于“平行文本”。它们为读者更好地理解论文提供了知识背景和拓展阅读的研究文献。值得注意的是，这几处平行文本所展示的都是论文作者的前期研究积累，其实这也是实力的一种表现。

善用注释对于一篇论文而言是非常有价值的。主要表现在三个方面：

首先，善用注释可以为论文质量锦上添花，增加论文的设计感，展现论文的形式美，表达尊重、承担责任。

其次，善用注释可以减少编辑、外审专家和读者对论文的误读，从而帮助论文锁定它的适用范围，以有限真理的方式示人。

第三，善用注释可以展现论文作者的研究水平和学术实力。

第七章

投 稿 发 表

像产品经理那样
做好论文的“ 销售 ”

从写作完成到论文被公开发表，还要经历一个过程，也就是投稿和发表。写得好，投不好是一件非常遗憾的事。如何才能使自己的论文顺利发表呢？这是本章要讨论的问题。我的总体建议是：要把论文视为研发出来的产品，然后像产品经理那样把论文销售给“出价最高”的用户——高级别期刊。

完成三项准备，铺就论文投稿的顺畅之路

能在高级别学术期刊上发表论文，不仅是对你为了论文写作所付出辛勤劳动的最好奖赏、对你论文自身学术价值的最好肯定，也是对你论文写作水平与能力的最好检验。

人们常说，机遇偏爱有准备的头脑。那么，为了能使论文顺利发表，在投稿之前还需要做哪些准备呢？

这就是本节我要集中回答的问题。

首先，确保你的论文能够通过学术不端检测系统的“查重率”门槛。

不同期刊对论文重复率的容忍程度是不同的，很多期刊会在《投稿须知》中有明确说明。以我的观察，这个重复率一般是在5%～15%。这也意味着你在投稿时要面对的一个基本事实是：只有过了“查重”这一关，论文才有可能进入期刊的审稿流程。所以，为了确保论文能跨越这道门槛，请在不危及论文质量和学术价值的前提下，尽量降低重复率——这算是论文投稿的一个底线准备了。

谈到如何面对学术不端检测系统，就是一个比较复杂的问题了。我重点提示以下几点。

其一，现在网上流传的检测系统有好几个，如果一定要自查的话，请选用中国知网学术不端文献检测系统。原因很简单，因为学术期刊的编辑们用的就是这个。用这个系统进行自查得到的结果，才对你评估论文更具指导意义。

其二，去哪里获得这个学术不端检测系统的查重结果呢？如果是前几年，我会推荐你去“万能的某宝”，然后挑选其中好评率 + 购买量 + 信誉度最高的店铺去下单——倘若你真的这么做了，那我要做个免责声明，我是不会承担任何连带责任的。原因如图 7-1 所示，这是中国知网学术不端文献检测系统的公告。

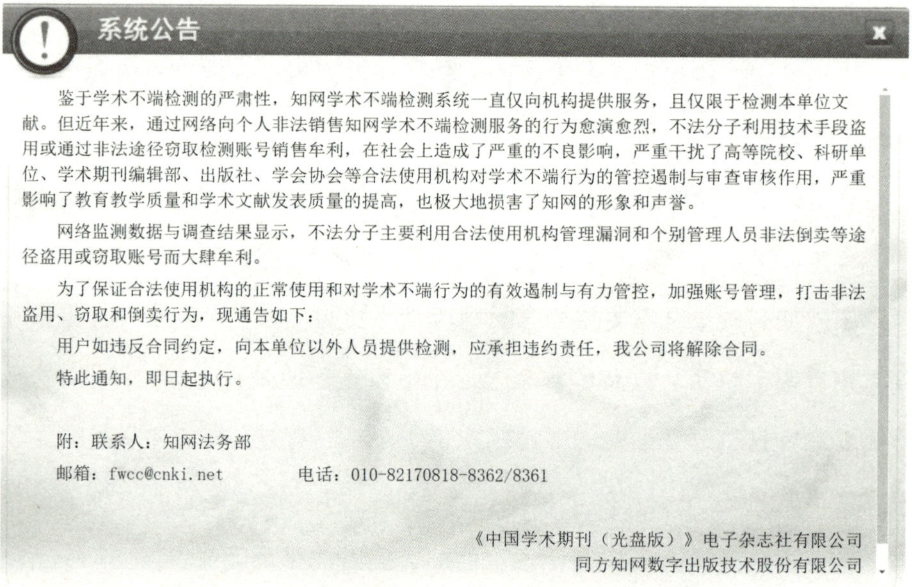

系统公告

鉴于学术不端检测的严肃性，知网学术不端检测系统一直仅向机构提供服务，且仅限于检测本单位文献。但近年来，通过网络向个人非法销售知网学术不端检测服务的行为愈演愈烈，不法分子利用技术手段盗用或通过非法途径窃取检测账号销售牟利，在社会上造成了严重的不良影响，严重干扰了高等院校、科研单位、学术期刊编辑部、出版社、学会协会等合法使用机构对学术不端行为的管控遏制与审查审核作用，严重影响了教育教学质量和学术文献发表质量的提高，也极大地损害了知网的形象和声誉。

网络监测数据与调查结果显示，不法分子主要利用合法使用机构管理漏洞和个别管理人员非法倒卖等途径盗用或窃取账号而大肆牟利。

为了保证合法使用机构的正常使用和对学术不端行为的有效遏制与有力管控，加强账号管理，打击非法盗用、窃取和倒卖行为，现通告如下：

用户如违反合同约定，向本单位以外人员提供检测，应承担违约责任，我公司将解除合同。

特此通知，即日起执行。

附：联系人：知网法务部

邮箱：fwcc@cnki.net　　电话：010-82170818-8362/8361

《中国学术期刊（光盘版）》电子杂志社有限公司

同方知网数字出版技术股份有限公司

图 7-1　中国知网学术不端文献检测系统公告截图

所以面对现在的情况，我是不会推荐你去“万能的某宝”的。我的建议有两个：一个是去自己所在单位的正规渠道进行检测；再一个就是你对自己的论文有足够的把握，以至于投稿之前不需要进行这项检测。

其三，虽然我强调“查重率”是一道门槛，不能超标，但在具体操作层面还是有很大的弹性的。一般而言，如果编辑认为一篇论文的质量很高，还会对检测结果进行人工复检。其实这件事情很好理解，毕竟论文质量的高低不能单看重复率，这也是检测系统饱受诟病的重要原因。

我曾见过有的论文重复率超过 30% 也依然被发表的，也见过有的论文重复率不到 3% 但还是被退稿的。所以，如果论文重复率不算太离谱的话，编辑以此拒掉你的论文很可能只是一个借口。这件事的启示在于：在控制重复率的前提下，努力提高论文质量才是被发表的关键。

话说回来，如果论文就是一个字一个字自己写出来的，干吗还要纠结这个重复率呢？

第二，进行学术文献数据库的拟投稿选题发文检索，锁定目标期刊。

还是以中国知网为例。把拟投稿论文选题的关键词提取出来，去中国知网进行“篇名”检索，了解一下近三年和你拟投稿论文选题相近的论文都发表在哪些期刊上了。然后，从这些期刊中，选择你希望投稿的目标期刊。

不同期刊的栏目设置、发文偏好是不一样的，如果某个期刊在近三年里发表过你拟投稿选题相关的论文，那么至少证明这类选题是可以在这个期刊上发表的；如果这个选题的论文在某个期刊上发表的数量还很多，甚至发现这个期刊常设了一个专栏，专门刊发这类选题，那就更是重大利好，只要期刊的级别符合你的预期，就要坚决地把自己的论文投稿过去。

但是这里也有一个问题需要注意：如果检索结果表明，这个期刊没有相关的常设专栏，而就在新近这一期上，发表了一篇与你拟投稿论文选题高度相关的论文，那么你就要考虑避开这个期刊了。道理很简单，这样的期刊是不太可能连续发表某个高相关选题论文的。

第三，让拟投稿论文高度契合目标期刊的《投稿须知》和发文风格。

一旦锁定目标期刊后，就去查阅一下这个期刊的《投稿须知》。《投稿须知》不难找到，只要这个期刊曾经发布过《投稿须知》（也有些期刊用的是《征稿启事》），在中国知网、万方数据库等学术文献数据库进行期刊往期发文检索，就可以轻松找到。找到后，认真了解一下《投稿须知》的内容，然后按照它的要求严格规范投稿论文的形式。这相当于是给自己的投稿论文做了一个整形手术，让它拥有可以迷倒目标期刊编辑的“高颜值”。

如果实在没有找到《投稿须知》或《征稿启事》，也可以根据这个期刊近期刊发论文的样式来编辑你的投稿论文版式。总之，这项工作是值得你认真做的。

此外，我还建议你查阅一下目标期刊的近期发文情况。比如，查阅一下近三期，然后每期随便下载三两篇论文进行一下浏览。体会一下这个期刊的发文风格，之后努力让自己的投稿论文也拥有这种风格——说得直白点，这就相当于努力包装你的论文，让它拥有可以令目标期刊编辑心动的“有趣的灵魂”。

要使你投稿的论文既具备可以迷倒编辑的“高颜值”，又拥有足以让编辑心动的“有趣的灵魂”。之后，再把你的论文伪装成和目标期刊在街角转弯处偶遇的样子，然后会心一笑：哇，原来你也在这里。

要想提高投稿的录用率，需要在投稿之前做好以下三项准备。

其一，要确保投稿论文能通过学术不端检测系统的“查重率”门槛，这个重复率一般是在 5% ～ 15%，要在控制好“查重率”的前提下，尽力提升论文的质量；其二，要以拟投稿论文的选题作为关键词，进行学术文献数据库的发文检索，锁定目标期刊；其三，要让拟投稿论文高度契合目标期刊《投稿须知》的形式规范和发文风格。

掌握四种方式，快速准确找到目标期刊的投稿地址

是不是做好上文提及的三个方面的准备工作，就可以投稿了呢？我认为恐怕还不行，除非你已经确认，自己拿到的目标期刊投稿地址是真实有效的。

如果你之前有过论文投稿的经历，相信你会认同我在这里的说法。目前大家所面对的学术期刊投稿外部环境还真是不够友好。不是学术期刊不友好，而是存在一些浑水摸鱼的组织和机构从事着各种灰色甚至黑色的交易。这种情况就导致无论是通过电子信箱投稿还是网络在线投稿，投稿地址往往鱼龙混杂、真假难辨。

说来可悲，你不得不提防这样一种风险：自己使出浑身解数、千辛万苦写出来的学术论文，被你满怀虔诚地投稿到一个假的期刊地址。在未来的某一天，你又因为收到一个假的用稿通知而欣喜若狂。当你缴纳了价格不菲的版面费，满心期待样刊到来的半年之后，终于发现自己被骗了……这该是多么痛的领悟？

你别说我刻意夸张。现在就放下这本书，用任意一个搜索引擎去检索一下“论文投稿”“期刊投稿”“期刊发表”，然后告诉我你看到了什么？欢迎来到险恶江湖，这里简直就是险恶本尊呀……这里充斥了太多良莠不齐的广告和中介机构，此刻，它们正在虎视眈眈地看着你。

一个假的投稿地址带来的后果包括但不限于：让你蒙受巨大的精神损失，蒙受高额的经济损失，论文发表进程被无限期延误，硕士、博士毕业和博士后出站被无限期延误，讲师、副教授、教授评审晋级被

无限期延误，论文被倒买倒卖，形成失败主义的世界观，形成反社会人格……

惨烈的后果提醒你一定要完成一项至关重要的任务：如何正确查找学术期刊的真实投稿地址（网址或信箱）。

第一，翻阅纸质目标期刊。

这种查找方式最传统、最踏实也最靠谱。但也有明显的缺点，为了查到一个期刊的投稿地址，需要跑到图书馆的期刊阅览室进行地毯式查找，耗时耗力。除非是像国家图书馆这种级别的，其实很多图书馆订阅的期刊种类都很有限，就算你翻遍了整个期刊阅览室，也不一定能找到纸质的目标期刊。

也确实有个别期刊就是没有投稿地址的。没有投稿地址的期刊不是你的菜，直接无视就好。

第二，通过中国知网进行检索。

登录中国知网，点击页面上方检索窗口右侧的“出版物检索”。如图 7-2 所示，在跳转页面检索窗口左上方的“出版来源导航”处选择“期刊导航”，然后在检索窗口左侧选择“刊名（曾用刊名）”，在检索窗口输入目标期刊名称，然后点击“出版来源检索”。

之后，点击检索结果中出现的目标期刊链接，如图 7-3 所示，在跳转页面中点击“原版目录页下载”，就可以得到目标期刊的原版封面、封二、目录页、封底等期刊信息了。一般在封二或封底处，你就能找到目标期刊的投稿地址。

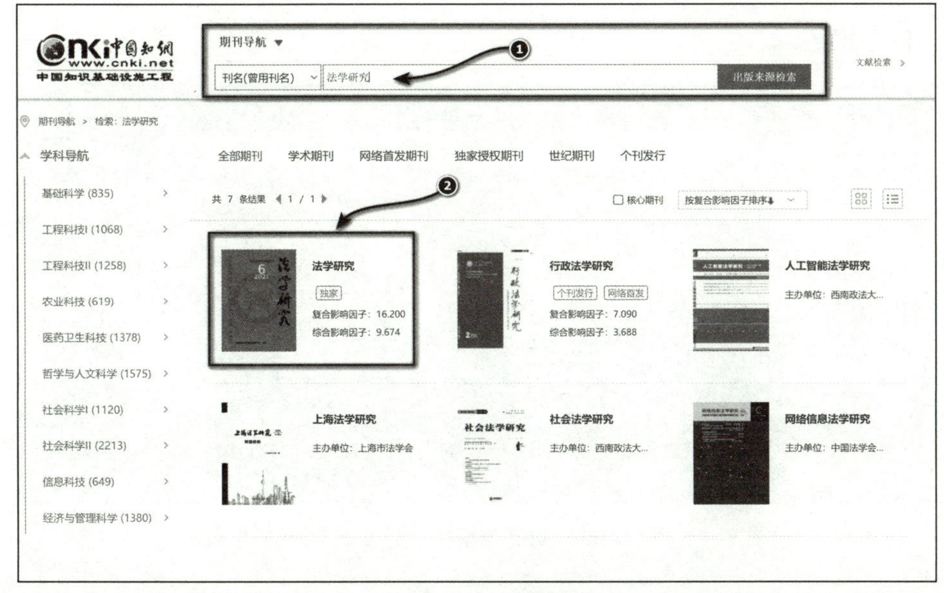

图 7-2 中国知网“出版物检索”页面截图

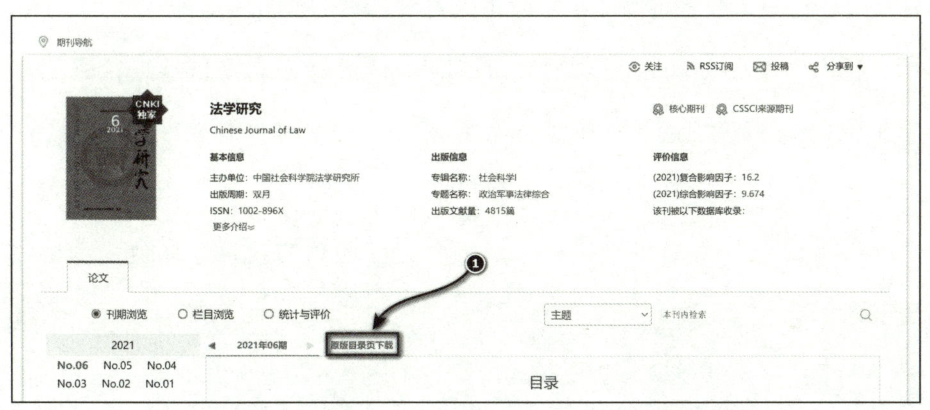

图 7-3 中国知网“出版来源检索”页面截图

第三，通过万方数据知识服务平台进行检索。

登录万方数据知识服务平台，如图 7-4 所示，在页面左上方点击“期刊”，在“万方智搜”检索窗口输入目标期刊名称，点击“搜期刊”。

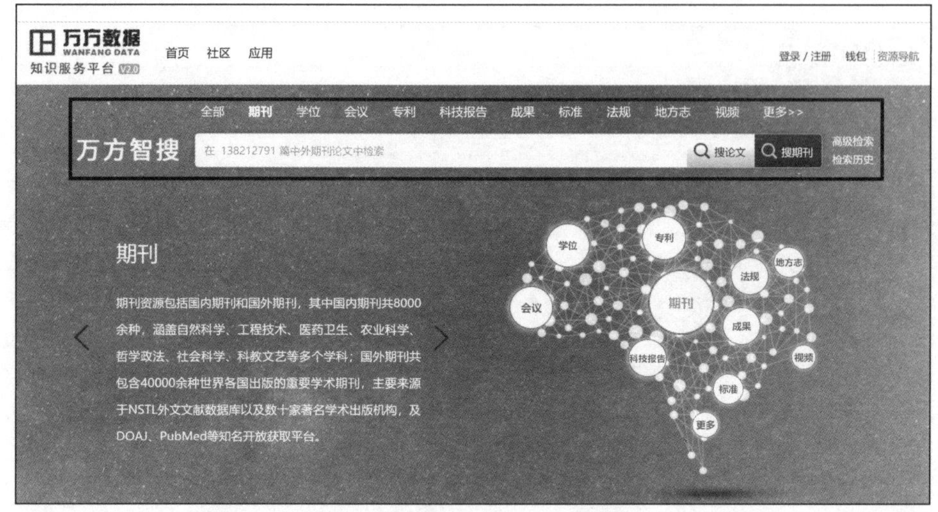

图 7-4　万方数据知识服务平台“万方智搜”页面截图

之后在跳转页面中点击目标期刊的链接，和图 7-3 相类似，点击“查看封面 / 目录 / 封底页”，一般就可以查到该期刊的投稿地址。

利用中国知网和万方数据知识服务平台进行期刊投稿地址检索的好处在于：如果不需要下载其他文献资源的话，这两个数据库都不需要注册，也不必付费。通过上述方式简单操作，就可以查到绝大多数学术期刊的原版封面、目录和封底信息，然后这些期刊的投稿地址也基本就尽在掌握了。

第四，浏览目标期刊主办单位的官网。

浏览目标期刊主办单位的官网具体步骤是：先登录中国知网或万方数据知识服务平台，检索目标期刊的基本信息，找到目标期刊的“主办单位”；然后，去浏览目标期刊主办单位的官网，一般就可以查到该期刊的投稿地址。

比如，当你查到了《西南民族大学学报（人文社会科学版）》的主办单位是西南民族大学，那么，可以打开西南民族大学的官网，之后点击“机构设置”，在“直属单位”里找到“学报编辑部”。点击“西南民族大学学报（人文社会科学版）”，如图 7-5 所示，就可以按提示在线投稿了。

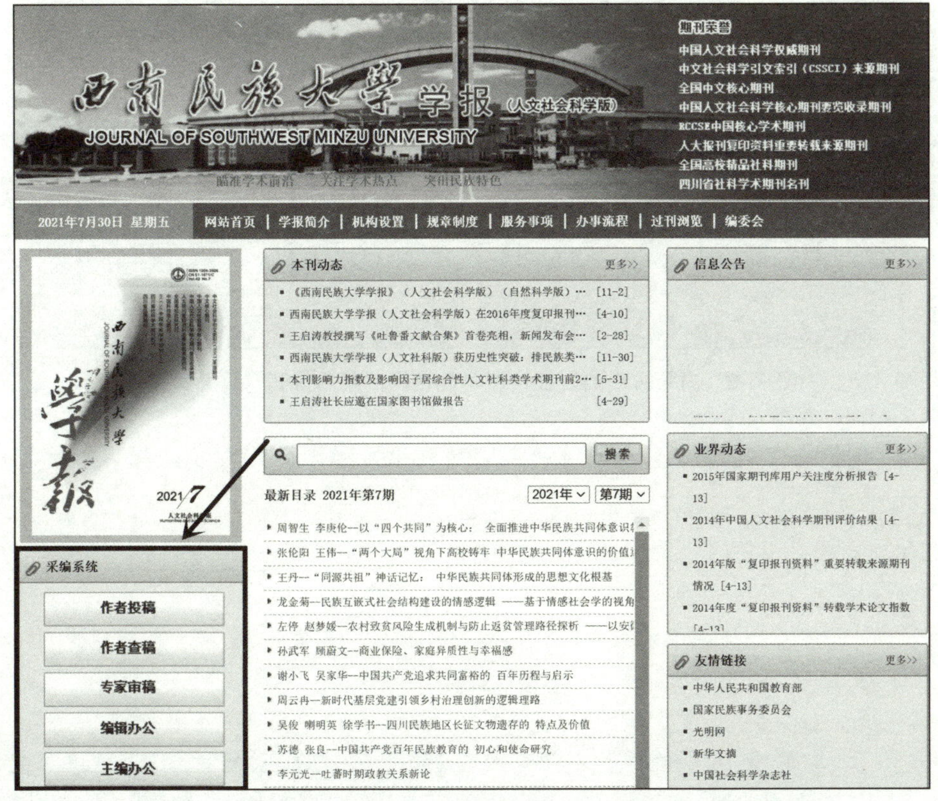

图 7-5 “西南民族大学学报（人文社会科学版）”网站页面截图

再比如，当你知道《内蒙古社会科学》是内蒙古自治区社会科学院主办的期刊，就可以打开内蒙古自治区社会科学院的官网，然后找到“院内报刊”。如图 7-6 所示，点击某一期《内蒙古社会科学》的封面图，就可以翻阅电子版的当期封面、目录和内容，找到投稿地址。

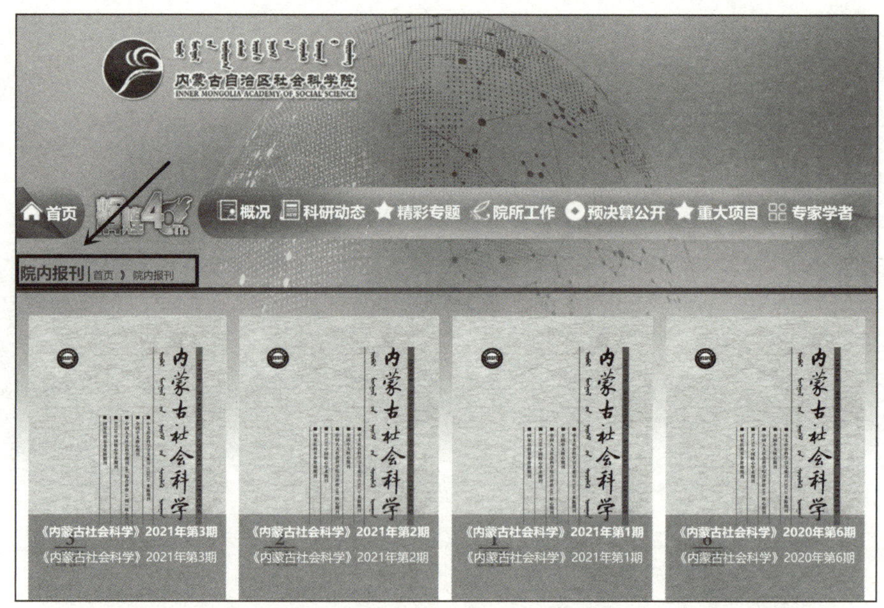

图 7-6　内蒙古自治区社会科学院官网“院内报刊”页面截图

相信有了这四种正确查找学术期刊真实投稿地址的方式，你可以找到所有自己希望投稿过去的期刊投稿地址。

确保目标期刊投稿地址的真实有效性，是每位投稿作者必须完成的必修课。

采用以下四种方式，可以查到所有带有诚意、希望你投稿过去的学术期刊投稿地址。分别是：其一，翻阅纸质版的目标期刊；其二，利用中国知网进行检索；其三，利用万方数据知识服务平台进行检索；其四，浏览目标期刊主办单位的官网，找到投稿地址。

查不到投稿地址的期刊，选择无视就好。

留意五个细节，别让投稿过程的小失误葬送你的梦想

投稿是个技术活儿，需要高智商、高情商和高逆商。我在这里列举了论文投稿过程中容易遇到的五个问题，分别做下说明，希望可以帮到你。

第一个问题：选择什么时间投稿会比较合适？

这个问题是关于投稿时间的注意事项。有人可能会说，这还用问吗？啥时候写完就啥时候投呗。但是细心如你肯定会思考一下，给出的回答可能是工作日投稿比较合适。因为工作日，查收和审阅投稿论文天经地义呀，周末让人家编辑审稿像话吗？我觉得能回答工作日投稿的你，已经超过70%的投稿者了。而我给出的答案是：选在工作日中的周二、周三和周四。原因很简单：人家期刊编辑也是人，遇上节假日和周末，编辑肯定是需要休息的，哪有时间查收你的投稿啊？而周一是一个工作周的开始，这一天，加上之前的周六周日两天，应该是积累了三天投稿过来的论文，还没来得及查收，所以，编辑周一的工作量肯定会比平时多很多。

那么，这会导致什么结果呢？那就是周六、周日和周一投稿过去的论文，编辑很可能只查收一次；而周二、周三和周四投稿过去的论文，编辑可能每天查收一次。假如编辑的邮箱每天都能收到100篇投稿论文，那么想想看，你的投稿论文是混在300篇论文中，还是混在100篇论文中更容易引起编辑的注意呢？

周五投稿也不如周二、周三、周四投稿好。原因也很简单，都周五了，马上就到周末了，编辑马上就要和自己的女朋友去欢度周末了，要陪儿子去游乐园了，要陪男朋友去看电影了，也许现在正忙着订票订餐确认

行程呢，哪有心思去查收你的投稿啊？

第二个问题：电子信箱投稿有哪些注意事项？

首先，要在电子信箱的标题栏里输入投稿论文的关键信息。可以用这样的格式来写——投稿：论文题目＋姓名（职称、学历、项目来源等）。

这个标题栏里的“投稿”直接给出了发邮件的目的；“论文题目”可以让编辑在没有打开邮件的时候，就能了解你投稿论文的题目，让编辑知道你投稿论文的选题；“姓名”可以让编辑知道这篇论文是谁写的；后面括号里的职称、学历、项目来源等关键信息，可以帮助编辑了解作者的身份信息和论文的科研项目支撑情况。当然，当你的名字在学界已经非常响亮的时候，那姓名后面括号中的任何文字都是多余的。而当你还是小人物的时候，就需要加上这个括号来展示实力，吸引注意。

是否加这个括号，要看你的实际情况。如果你已在学界混得风生水起、小有名气或者曾经在这家期刊上发表过论文，已经和编辑打过交道了，那是不需要加这个括号的；而如果你加的这个括号里只能写讲师、硕士、校级项目，那也不要加括号了。说白了，这个括号是来给你撑面子的，不是露怯的。比如，你的职称已经是教授或者副教授了，就把它写上去；学历是博士，也写上去。如果有可能，尽量给论文找到一个相关科研项目作为支撑，比如，注明“国家社科基金项目成果”“省社科重大攻关项目成果”——这样一种关键信息的强调会吸引编辑的注意，而且这个项目本身也在暗示论文的质量不会太差。

当然，如果目标期刊在《投稿须知》里明确规定了标题栏的写作格式，那还是规规矩矩按照要求来写是最明智的选择。

接下来是邮件的正文。正文空着显然是不合适的——除非你的名字在学界已经家喻户晓。这种情况下，哪怕你忘记把投稿论文挂在附件里了，编辑看见邮件不到十分钟电话就会打过来：非常感谢你向他们期刊投稿。

如果不是这种情况，那就老老实实把正文写好。总的原则是：规范、简洁、得体，呈现投稿意图，表达发表意愿。我邮箱投稿的正文一般是这样来写的：

尊敬的《××××》编辑：

您好！

现将拙文《××××》投往贵刊，若能刊用，不胜荣幸！如有任何问题，请随时与我联系。

顺祝

文祺

×××敬上

××年×月×日

再之后，记得把事先编辑保存好的论文电子稿以附件形式添加在邮件里。除非目标期刊的《投稿须知》里有明确要求，你的投稿论文尽量以Word2003文件（*.doc）版本来保存，目测这是目前最为稳妥且通用的文件格式。别忘记把第一时间就能找到你的联系方式放在投稿论文电子稿的文末，而不要放在邮件的正文里。因为通常情况下，编辑会下载附件论文留存以备浏览审阅，邮件的正文部分是不会复制保存的。

第三个问题：网络在线投稿有哪些注意事项？

这个比较简单，按步骤逐项操作就好。我能想到的建议是：记得把期刊投稿网址链接复制粘贴到文本文档或Word文档或石墨文档……总之，是一个你最常使用的文档或手机应用中，在文档中注明这是哪个期刊的网络在线投稿地址，方便以后查询审稿进度和再次投稿时随时调用；牢记注册时的用户名和密码，也要保存在你最常用的文档软件或手机应用中。

记得在注册多家期刊的网络在线投稿系统的时候，要尽量设置不同的登录密码。同样，要逐一记录下这些密码。这个工作如果当时不去做，之后就再也不会去做了。等到查看稿件审核结果或再次投稿的时候，你就要为自己当时没有立刻留存密码而付出代价。到了这个时候你所要耗费的时间和精力，要远远超过当时你立刻记录的时间和精力。

另外，一定留下一个在第一时间就能找到你的准确联系方式。这一点很重要，因为你真的不知道编辑会在什么时候联系你。我曾在“十一”黄金周和家人在太湖游览的时候接到某期刊编辑的电话，也曾在清晨六点四十接到过另一家期刊编辑的电话。

有些电话可能错过一次就是一辈子，投稿和谈恋爱有时候是一模一样的，一定要把握好每一次机会。

第四个问题：目标投稿期刊的级别该如何选择？

我的观点是：目标投稿期刊的级别和投稿论文的质量成正比，和论文发表的时限要求成反比。也就是说，你对自己的论文越满意，认为这篇论文的质量越高，就越要选择高级别的期刊作为投稿目标；而论文发表的时限要求短，迫在眉睫想要发表，就只能选择级别较低的期刊去投稿。

其实这里蕴含着这样一个道理：你应该尽量早做准备，尽量早些完成论文，这是对自己论文负责的表现。否则，期限越短，你越没有回旋的余地，就有可能造成明珠暗投的无奈事实。

如果你对自己论文的质量足够自信也足够满意，又没有发表时限的严格要求，那么建议你按权威期刊→CSSCI来源期刊→北大核心期刊→普通期刊的顺序进行投稿。上一轮投稿被拒后，进行一下修改和文献查新，然后进入下一轮的投稿。而且，如果时间非常充裕，论文的选题也不会很快“过时”的话，建议你在每一轮投稿的时候，都要先投不收版面费+发稿酬的期刊，被拒稿后再投收取版面费+不发稿酬的期刊。选择这个次序的意义在于：尽可能确保发表的目标期刊配得上你的论文，也尽可能地减轻你的经济压力。

第五个问题：如何避免在假期刊上发表论文？

你可能会认为我这是故意在给自己“加戏”，哪有什么假期刊呢？年轻时的我也是这么想的。之前我一直以为论文投稿最悲催的事情是屡投不中，直到有一天，我在一个假期刊上发表了论文。

投稿需要底线思维，我在“掌握四种方式，快速准确找到目标期刊的投稿地址”里介绍的，是底线思维中的一种，也就是不要把论文投稿到一个假的期刊投稿地址；现在要讲的其实是另一种底线，那就是投稿地址是真实有效的，但投稿的这个期刊它本身就是假的。所以，还要拥有分辨真假期刊、避免在假期刊上发表论文的能力才行。

怎么样，是不是有种防不胜防、万念俱灰的感觉？

其实问题也没那么严重，当你有了“避免在假期刊上发表论文”的底线思维之后，具体操作起来并不难。我把国家新闻出版署的官方地址给你：http://www.nppa.gov.cn/。

具体操作步骤是：进入国家新闻出版署官网，在网页中间偏右侧位置的“从业机构和产品查询”中点击“期刊/期刊社”。如图7-7所示，在“期刊名称”的检索窗口中输入想要查询的期刊名称，然后输入系统自动生成的验证码，点击“搜索”。

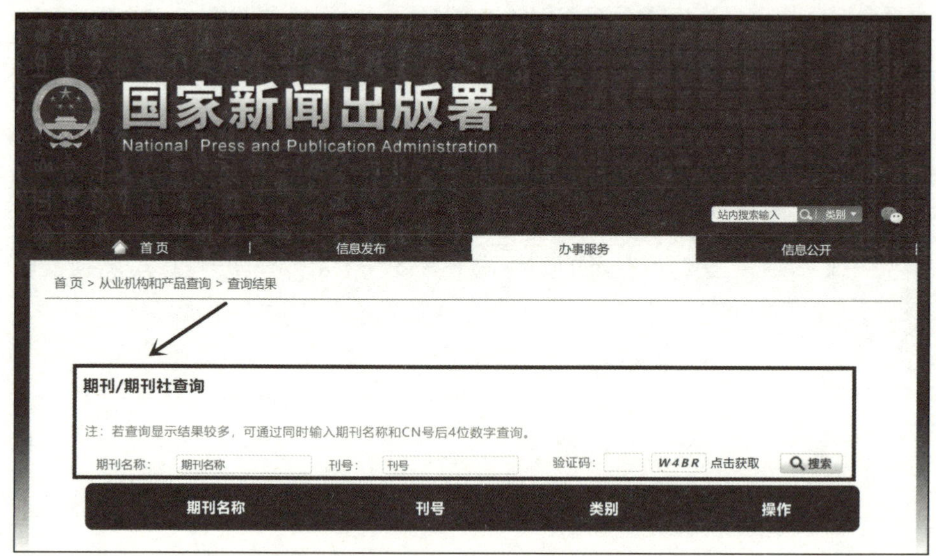

图 7–7　国家新闻出版署“期刊 / 期刊社查询”页面截图

能查到刊号的，就可以认定为真期刊。而点击“搜索”之后，显示页面是空的，或者是没有刊号的，就是假期刊。

在投稿过程之中，应留意以下五个问题：

其一，选在工作日中的周二、周三和周四的工作时间投稿，更容易引起编辑的注意。

其二，通过电子信箱投稿时，应精心设计标题栏和正文内容，将投稿论文以 Word2003 文件（*.doc）版本上传至附件，并确保你的联系方式已经放在了投稿论文的文档中。

其三，网络在线投稿时，按要求逐项填写、提交就好，要记得留存注册用户名和密码，不同投稿期刊设置不同的登录密码，并确保留下自己的联系方式。

其四，如果对论文质量足够自信又没有发表时限的要求，就按权威期刊→ CSSCI 来源期刊→北大核心期刊→普通期刊的顺序进行投稿。

其五，要避免在假期刊上发表论文，国家新闻出版署官网的“期刊 / 期刊社查询”能帮你快速识别真假期刊。

避开六类陷阱，期待未来的正确姿势是珍视当下

关于论文投稿乃至整个科研工作，我的切身体会是：提高效率的最好方式是有正确的自我认知。

人生没有如果，只有后果。希望这一节能帮你避开论文投稿的那些陷阱，在是非对错面前，持续做出正确的选择。然后，你就会成为睡在我下铺的长江学者，而不是成为年逾知天命之年还在叨叨论文写作经验的我。

第一，努力避免“一稿多发”事实的出现。

有时候，你不得不面对同一篇文章被两家甚至多家期刊同时录用的尴尬。至于为什么会出现这种局面，你懂的，你作（zuō）的，总之，你知道，我就不多说了。我要提醒你的是：要尽最大努力避免一稿多发事实的出现。因为一旦出现，这就会成为你学术成长光辉岁月中的难言之隐，也没办法彻底抹掉，这就比较尴尬了——容易影响自己治学严谨、为人敦厚的良好形象，搞不好还会给别人留下口实，严重时甚至还有可能被别人举报，“细思极恐”。

所以，我要郑重提醒你一句，哪怕你已经校对过自己论文的清样了，只要你没在授权协议上签字，只要发表你论文的当期期刊还没有被正式印刷出来，你就有权撤稿。你瞧，我就是这么立场坚定地站在你这边，宁可得罪十个期刊编辑也要全力以赴地帮助你——哪怕对于即将出现的一稿多发事实，你是责任方。而且退一步讲，就算你已经在授权协议上签字了，也是可以违约的；版面费支付过了，也是可以放弃这个版面的。承担违约责任总比一稿多发好；任由 3000 元的版面费打水漂，也比一稿多发好。

而且，人家期刊方也是讲道理的，你执意撤稿，期刊方是会同意的。他们当然会愤怒，有可能拉黑你，这都正常——毕竟期刊方是有大量沉没成本在里面的。但是他们的底线是不希望你“一稿多发”的其中一个“多发方”是自己。所以，避免“一稿多发”符合你们双方的共同利益，只不过期刊方吃了亏，是跟着你吃了锅烙。

第二，尽量避开业内口碑最差、质量最差的期刊。

一般而言，出版周期越短（半月刊、旬刊、周刊），页码越多，刊载论文数量越多，每个版面的字数越多，版面费收取越高，期刊的质量就越没保证。这样的期刊，你在投稿的时候就要尽量避开。原因很简单，这类期刊会成为你学术成长道路上的一个难言之隐，保不准哪天你成名成家了，这篇论文会分分钟把你打回原形。

在硕士、博士学位论文毕业答辩的时候，我经常能在学生提交的学位论文的最后，在“在读期间发表成果”那一页看到一些业内口碑不好的期刊。在我看来，这是一件非常令人惋惜的事情。而且，发表在这些期刊上的论文如果也被中国知网等学术文献数据库收录的话（一般都会被收录，因为这些期刊希望通过被收录来体现自己的“合法性”），就意味着在你发表这篇论文后，它会如影随形，一直伴随着你。每当这个时候，我就会为这些硕士生或博士生感到惋惜——他们本来是有着充分的时间和机会去避免这种情况的发生的，但还是发生了。

我对自己带的硕士、博士是有明确要求的，不允许他们在读期间向口碑不好的期刊投稿。如果非得投稿，也千万别让别人知道我是他们的导师。

第三，努力避免“铺摊子”性质的业余写作。

我的博士生导师的一句话，对我的学术成长影响深远。他说：“铺摊子不如深挖洞。”

我刚开始做科研的时候，求数量不求质量，干了很多“丢人现眼”的事儿。而且这些事情还都是花了大把冤枉钱后才干出来的。那时的我完全按照自己的兴趣来写论文，分别写过并发表过：课程改革、知识经济、和谐社会、暴力美学、政治参与、区域经济……甚至情色电影相关的论文。是的，我是在铺一个很大的摊子。

我想提醒你一句：当你可以在多个研究领域发出声音的时候，你发出的往往是比较业余的声音，甚至容易闹出笑话。再有，这样的论文写作和发表策略，无法为你赢得科研项目和人才计划的支撑——评审专家会因为你的“铺摊子”而认定你不靠谱。越是高级别的科研项目和人才计划，越看重你在垂直领域内的积累。“铺摊子”最大的问题在于：它会显得你不够专业，甚至就是个“玩票”的。没有稳定的研究领域，无法在某个研究领域形成规模优势，也就无法成为真正的学者。

第四，努力避免抄袭剽窃事实的出现。

如果你有侥幸心理，总想着投机取巧、蒙混过关，那么我可以负责任地告诉你：学术圈不适合你，任何建立在契约精神上的圈子都不适合你。这些年因为抄袭剽窃断送自己学术生命的中外学者有很多，学生就更是数不胜数。你要有底线思维，要守得住底线，不能在大是大非的原则问题上出现任何闪失。这事儿真的输不起，别自己给自己挖坑，别作（zuō）。

其一，一定要杜绝低水平的抄袭。别人写一句，你就抄一句，别人论文中的资料你拿来直接就用，别人调查问卷形成的数据，你直接就复制粘贴在自己的论文里……这样实在太低级了，属于抄袭的最低层次，相当于幼儿园大班水平，也最容易“翻车”。

其二，“剽窃观点”一定记得要注明出处。剽窃观点其实高明很多，通过转述别人观点的方式来形成一个看似是自己的观点，实质上还是别人的观点。这算抄袭的中间层次，属于初中毕业水平，但一定注意把握分寸。我觉得转述一篇论文的一两个观点可以叫作借鉴，明确注明出处问题就不大；但如果从同一篇论文里转述了20多个观点，这样就算注明出处了，那也是赤裸裸的抄袭和剽窃。

其三，“抄袭”别人的研究方法和分析框架。在我看来，这该是最高层次的抄袭，已经破茧幻化成蝶，属于大学毕业水平。有句话说得很好，叫“他山之石，可以攻玉”。你借用其他学科的研究方法来研究本学科专业和研究领域的问题，或者借用别人论文的分析框架来搭建你论文写作的研究框架，这都是借鉴，是兼容并蓄，是“高端大气上档次”的事情，你应该多在这个层次上想问题、做研究、写论文。这种“抄袭”，多多益善。

记住：可以不成为教授，可以不拿到博士学位，可以不获批国家社科基金项目，但是你一定要成为一个纯粹的人，一个内心坦荡的人，一个脱离了低级趣味的人。

第五，努力避免在论文中出现低级错误。

论文中的错别字、标点符号错误、常识性错误、语句不通顺等问题，都属于低级错误。你要努力避免这类问题出现在自己的论文中。我发现很多硕士、博士学位论文的答辩会已经不再是思想的交锋和学术观点的碰撞了，取而代之的是长篇累牍的、令人生厌的对于行文格式、引用规范、行文逻辑，甚至是字体字号、标点符号这类错误的指正。我也经常在组会上和我带的硕士、博士们讲，请他们一定尽快完成最基础的学术训练，使论文做到形式规范。只有先做到这一点，才有可能去讨论学术问题，讨论如何做研究。

切记，编辑没有义务通过一篇论文邋遢的外表去发现它优秀的内在。试想，如果一篇论文在由 18 个字构成的题目中就出现了一个错别字，你还有心情继续去阅读它的内容吗？这种形式问题上的低级错误真的会成为你论文的滑铁卢。在论文的内容上，或许你真的是写作能力不强，理论深度不够，学术水平不高，但至少你要能够做到形式完美。内容不完美的原因是能力问题，而形式不完美的原因可就是态度问题了。可以让编辑怀疑你能力不强，但总不至于让编辑认为你连写论文的态度也不端正吧？

反之，道理也是一样的。一旦你投稿到某个学术期刊的论文在形式规范方面做得非常完美，那么，编辑是不是像在重重迷雾中看到一道光呢？也许在过去这一天甚至一周的时间里编辑都闷闷不乐，现在，会不会因为你这篇论文的到来，整个人都清爽了呢？

所以你懂的，你必须懂，要努力避免在论文中出现低级错误，努力让论文做到形式完美。

最后，努力避免在专刊（特刊）、增刊和套牌期刊上发表论文。

我在谈到投稿过程中的注意事项时提到了假期刊。其实掌握了方法，假期刊是很容易被识别出来的。这里我要讲的是一个更复杂的问题，是期刊中的“战斗机”——由真期刊主办的专刊、特刊、增刊和套牌期刊。

记得《红楼梦》里提到过这么一副对联，被贴在“太虚幻境”坊门前：“假作真时真亦假，无为有处有还无。”好吧，面对这些期刊的时候，基本就是这么一个感觉，比较魔幻。

其一，专刊（特刊）。比如期刊社为纪念某重大历史事件发生多少周年、某重要人物诞辰多少周年而专门组织一批论文，在该期刊的某一期出版；或者期刊社主办了一次专题学术会议，然后将这次专题会议收到的论文结集，作为该期刊的某一期出版。以这种形式出版的当期杂志，算是专刊（特刊）。

专刊（特刊）在成果认定的时候会有很多争议。一般这个专刊（特刊）是在该期刊的正常刊期内出版，比如，之前的刊期是第二期，这个专刊（特刊）是第三期，接下来的刊期是第四期，而这个专刊（特刊）也同样被学术文献数据库全文收录了，那么基本可以被认定为正式出版，视为同等的级别和学术含金量；但如果这个专刊（特刊）没被纳入该期刊的连续出版周期内，在学术文献数据库中也检索不到它，那就基本可以被认定为非正式出版。

鉴于存在成果认定上的风险，所以最好的选择就是避免向专刊（特刊）投稿。

其二，增刊。比如，某个期刊是双月刊，一年应该出六期的。然后它居然继续出版了第七期、第八期甚至第九期。这里的第七期、第八期和第九期，就是增刊。有的期刊可能会更加变通一些，比如，在正常刊期之外，出版春之卷、夏之卷、秋之卷、冬之卷，这里的春夏秋冬四卷，也是增刊。

由于很多增刊的录用门槛要比正刊低很多，发表的话，也要缴纳或多或少的版面费，最重要的是还存在成果认定上的巨大风险。所以，哪怕发表在这些增刊上的论文也被学术文献数据库收录了，我的建议还是尽量避免投稿。

其三，套牌期刊。什么意思呢？就是本来是一个正规期刊、真期刊，然而这个期刊，用同一个刊号又印刷出版了另外一个姊妹期刊，另外出版的这个期刊就是套牌期刊。比如，某教育学院的学报还出版“理科版”的教育学院学报；某自然科学版的大学学报还出版“人文社科版”的学报，这些都是套牌期刊。有些套牌期刊上发表的论文也会被学术文献数据库收录，但避免在这样的期刊上发表论文，才是明智的选择。

由于各种主客观的原因，论文投稿发表过程中还存在很多陷阱。避开这些陷阱是你保全自己的神圣责任。

为此，你要努力做到：其一，努力避免“一稿多发”事实的出现；其二，尽量避开业内口碑最差、质量最差的期刊；其三，努力避免“铺摊子”性质的业余写作；其四，努力避免抄袭剽窃事实的出现；其五，努力避免在论文中出现低级错误；其六，努力避免在专刊（特刊）、增刊和套牌期刊上发表文章。

做对七件小事，让论文发表走上可持续发展的快车道

从投稿成功的那一刻，你就要开始兴奋而又漫长的期待了，期待这篇让你搜肠刮肚、废寝忘食、肝肠寸断、自怨自艾的论文，可以得到命运之神的眷顾，发表在那个让你朝思暮想、魂不守舍、心驰神往、欲罢不能的期刊上。是的，我当然知道，因为现在正在期待论文顺利发表的你，就像当年的我。

分析一下：投稿这件事，其实和约会是一模一样的。它们的相同点在于：都很重要；都令人期待并且兴奋；而前景又非常不确定，不知道会发生什么状况。据说这个时候，人会陷入一种情绪状态——焦虑。也许这就是期待的副作用吧。

在“投稿发表”模块的最后，我再来做些提示，帮你缓解焦虑，做好期待之外更重要的事。我设置了七个关键问题，一起看一下。

第一个问题：投稿之后，第一时间需要做的是什么？

可能的答案有：佛系躺平型——什么也不做，“葛优躺”就最完美，累死宝宝了；工作狂人型——赶紧的，躁起来，抓紧时间写下一篇论文；狂欢宣泄型——麻辣烫、小龙虾、啤酒＋撸串、爆米花＋追剧，我要好好“嗨皮”一下，实在太太太太苦闷了……

其实这些都没错。论文写作是高强度的创造性脑力劳动，伴随着太多痛苦，稿件投出去后怎么休息都不过分。只是别忘记，**投稿之后，要在第一时间用自己最擅长的方式记录下投稿论文的题目、目标期刊的名称和投稿时间。**

这样做的好处在于：给自己提供一个“备忘”，方便你在一个月、两个月和三个月之后知道自己已经投稿一个月、两个月和三个月了。我没开玩笑，如果没有备忘，你真的很容易忘记这一点，进而影响你后续的行动和跟进。后续行动包括但不限于了解审稿进程、转投他刊等。

第二个问题：投稿之后没有收到回复，该怎么办？

我把问题按时间的长短分解一下。其一，投稿一周没有收到回复（无论人工还是自动），该怎么办？我的建议是：在确认信箱地址准确无误，网络投稿状态是“完成”或“审稿中”的前提下，静心等待就好。其二，投稿一个月没有收到回复（无论人工还是自动），该怎么办？我的建议是：除非你想撤稿，否则，静心等待就好。其三，投稿两个月没有收到回复（无论人工还是自动），该怎么办？我的建议是：除非期刊《投稿须知》明确注明审稿时间在两个月以上，否则，改投其他刊物。

在等待投稿结果的这段时间里，需要做的其实只有一件事儿：在编辑和你联系之前，请确保自己忘记这件事。为什么？在你还是个小人物的时候，既不是有大咖推荐的投稿，又不是期刊编辑的约稿，在这种情况下，期刊编辑是不会因为你的询问、询问和再次询问而让论文提前通过初筛进入审稿流程的，论文的外审和终审进程也不会因为你的催促、催促和再催促而加快，而审稿的最终结论无论是退稿、返修还是直接刊用，也不会因为你的询问和催促而发生实质性的改变。

既然如此，何苦呢，何必呢？耐心等待就好。

第三个问题：在改投其他期刊之前，需要做什么？

如果两个月的审稿周期已经过去（这时候你就知道第一个问题中的“备忘”的重要性了），没有得到回复。怎么办？当然是改投其他期刊。但在改投之前，我的建议是：去学术文献数据库检索一下近期又有哪些高级别期刊发表了与你投稿论文选题高度相关的论文，然后把这些论文作为参考文献加入你的论文中，同时剔除掉一些相对陈旧也不够权威的文献。其实也就是做一个文献查新的工作。

此外，在改投之前，再把论文认真修改完善一下。两个月的时间过去了，也许你又有了一些新的思考和观点，发现论文中的某些观点和表达存在瑕疵，那就借着这个机会好好修改完善论文。当你确信这篇论文已经不可能比现在更好了，就投稿出去。

这样做的好处在于：始终让论文在你自己最满意，同时也是站在学界最前沿的那个时刻去投稿。

第四个问题：期刊编辑发来论文修改意见，该怎么做？

每位作者都希望自己投稿的论文不必修改就可以直接发表。但就目前的趋势来看，这种可能性正在变小。返修论文已经变得常态化了，所以，你首先要在心理上做好准备，接受自己的论文要经过修改，甚至要经过几次修改才可以发表的事实。

无论以何种方式收到修改意见，都要在第一时间表示感谢，同时表明一定会认真修改的态度和立场。然后，在返修截止日期到来的前一天返回修改稿，不必太早也不要太晚。太早了，会让编辑觉得你在敷衍了事，说好一周内返回，你两个小时就返回了，显得不重视、不认真，态度不端正；太晚了，会让编辑觉得你缺乏诚信，不守时、不靠谱，态度还是不端正。所以，截止日期到来的前一天返回是最合适的。

而接下来的事情才是重点：问自己，为了能在这个期刊上发表论文，我的底线在哪里？就是说，为了发表，你能容忍自己的论文变成什么样子？做个不太恰当的比喻，为了得到在下届巴黎时装周上走秀的机会，你愿意付出的代价是做个双眼皮手术、隆胸手术还是变性手术？

我的建议是：内容框架微调、格式规范修改、压缩论文篇幅1/4以内的，严格遵循，做到完美。核心观点修改、论文框架推倒重建、压缩论文篇幅超过1/4时，就要问自己：目标期刊是否值得我付出这么大的代价。答案若是肯定的，那就忍痛割爱，努力修改；如果答案是否定的，那就放弃修改，声明撤稿。是的，你没看错，就是可以撤稿的，这是你的权利。

第五个问题：收到期刊用稿通知，该怎么做？

相信这样的时刻你一定会记忆犹新、欢呼雀跃，你记忆犹新、欢呼雀跃的程度，和发来用稿通知的期刊级别成正比。

收到期刊的用稿通知时，你确实应该快乐。但前提是，你得为真相快乐，不能被蒙骗。因此，我建议你：先去核实一下用稿通知来源的真实性。越是收费期刊，越要核实；收费越高，核实力度要越大。

怎样核实用稿通知的真假呢？方法有很多。可以查看一下通知你论文被录用的电话号码是不是期刊官网上公布的编辑部电话；也可以查看一下给你发来用稿通知的电子信箱是不是期刊编辑部的官方信箱；尤其是要查一下让你汇款的地址和银行账号是不是期刊编辑部的地址和期刊主办单位的银行账号。如果还是心存疑虑，直接打电话到期刊编辑部的固定电话咨询一下就好。

在确认用稿通知的真实性之后，请再次确认一下目标期刊的级别、学科方向以及办刊质量是否符合你的发表预期。如果答案是否定的，就撤稿——是的，用稿通知只是邀约，需要你进行承诺，合同关系才能确立。所以，这个时候你依然有权说“不”。当然，这很可能也是你说“不”的最后一次机会。

第六个问题：向期刊杂志社支付版面费用时，该怎么做？

支付版面费前，要再次核实汇款地址、银行转账账号信息的真实性。汇款或转账金额越高，核实力度要越大；汇款地址不是编辑部的，或银行转账账号不是对公账号而是个人账号的时候，更要高度警惕，务必确认信息的真实性。

注意，当编辑让你向他 / 她的个人微信或支付宝账号打款转账的时候，那基本可以判定这位编辑是假的，或者是这位编辑正在向你索贿。

接下来，在汇款或转账的附言中注明自己的姓名、论文题目和转账用途等关键信息，留好回执。支付完成之后，记得告知编辑版面费已汇出，请对方留意查收。

第七个问题：拿到样刊和稿费之后，该怎么做？

此刻终于大功告成，太不容易了，不仅拿到样刊，居然还有几百元的稿酬呢，实在太棒了！这个时候，怎么庆祝都不过分，也在情理之中，但最好在第一时间向编辑表达你的感激之情，感谢编辑老师在你论文的审稿和发表过程中给予的各种帮助（哪怕帮助不大），以及对论文修改提供的宝贵建议（不宝贵也要说宝贵），进而表明自己会继续支持编辑工作的坚定立场，承诺以后写出高质量（和期刊级别相匹配）的论文后，一定会继续向这个期刊投稿。

一篇论文从投稿到返修再到发表的全周期一路走下来，如果你没能让编辑成为你人际网络上的一个结点，那么很遗憾，你就只是成功发表了一篇论文而已，无法带来你未来学术成长的增量。其实论文投稿的过程和结果同样重要，甚至过程更加重要。因为结果只是发表一篇论文而已，而这个过程却会让你结识期刊编辑，让你有机会和编辑建立一种合作共赢的关系。维护好这种关系，让这种关系可持续发展，也就等于帮你自己赢得了学术成长的未来。

第八章

认知锦囊

社科论文写作与发表的观念破局

在本书最后一章，大家一起做个提升认知的训练，给自己的观念系统“洗个澡”。当你掌握了具体的写作套路与实操技能后，真正决定你能走多远、飞多高，形成自己坚不可摧的比较优势的是认知水平。因此，能否实现认知水平的持续升级与观念系统的不断迭代，决定了你未来可以达到的高度。这既是论文写作与发表，也是学术成长，更是人生逆袭的关键。

写作比灵感重要，选择比坚持重要

如何看待论文写作与发表这回事，其实我有很多话想说。如果只让我说一句，这句话是：写作比灵感重要，选择比坚持重要。在我看来，有了这两个最具根基性的，同时也最为重要的认知，也就站在了正确的起点，可以脚踏实地开始论文写作了。

为什么说“写作比灵感重要”？

第一，业余玩家依靠灵感写作，专业人士则可以在灵感缺席的地方写作。

先给大家爆个料：我硕士学位论文的开题答辩没能通过。会后，导师建议我把“精神文明建设”的选题换成“主流意识形态”。相信你一定知道这意味着什么，是的，我得从头开始了。

关于精神文明建设的选题就来自我拍脑门的“灵感”，那个时候的我是科研新手，刚刚起步，还处于“啥是知网啊……”的阶段。有一天，我突发奇想，整个天空都变得明亮：哇！精神文明建设！！！然后我把图书馆近三年人大复印资料《精神文明导刊》里所有与“精神文明建设”有关的论文全部复印下来装订成册，每天早上五点起床拼命读，艰难地搭建学位论文的写作框架。

但我呕心沥血写就的1.8万字的开题报告，不到五分钟就被答辩委员会的几位老师给否掉了。我尴尬而又不失礼貌地微笑着，内心忧伤无比。好在，在后来的学位论文答辩中，我的关于主流意识形态问题的论文获得全票通过，答辩成绩为“优秀”，让我心里好受一点。

这段经历的启示在于："小白"的程度，大致和你寄希望于灵感的程度成正比。而你决胜的法宝却几乎和灵感无关——事实上，你可以进行无灵感的高质量写作，却永远不要幻想灵感能拯救你岌岌可危的问题意识与写作能力。

第二，灵感终究可遇不可求，寄希望于写作才是最靠谱的选择。

你总希望自己是个例外，可以在搜肠刮肚、处心积虑中得到灵感的拯救。同时，你也希望自己能够在灵感的唤醒下开启激情写作。是啊，这种情形确实美好，但你千万不要执拗于这个幻想，然后把自己的整个学术成长押在这个幻想上。就算没有灵感，也一定要坚持写起来、写下去。

与其幻想凭借灵感一鸣惊人、一飞冲天，不如脚踏实地把该做的事情做好。其实每篇论文的发表就已经是小概率事件了，就不要再用对灵感的幻想来挤对你原本就艰难的科研日常了。其实这种幻想有点类似于：你把自己的致富梦都押在了买彩票上，进而宣称我每天都在坚持买彩票，我非常努力，执行力超级强，没有中奖我有什么办法？看出来问题了吧，相比于灵感，写作本身才是最靠谱的选择。

第三，别用"没有灵感"来掩饰你的拖延、懒惰以及无所作为。

这些年我见过很多抱怨自己没有灵感的科研新手——是的，当你抱怨自己没有灵感的时候，你就是个新手。每每这个时候，我就总想提醒他一句：扪心自问，除了期待灵感的到来，你真的就没有别的办法了吗？你凭什么认为自己和那些高质量学术论文之间只隔着一个灵感的火花，而不是隔着你的抱怨、你的懒惰，以及你捉襟见肘的才华？

拜托，你是时候反省一下了。不能让"没有灵感"成为你学术成长道路上无所作为、不思进取的遮羞布。李敖曾经说过，作家不能等到有了灵感才去写作；村上春树每天四点钟起床，写作五到六个小时，不论什么情况都要去写，然后去跑步或游泳，晚上再来修改；史蒂芬·金的写作习惯是每天雷打不动，最少写十页。因此，你必须学会忍受没有灵感的写作，而不要寄希望于灵感却忘记了写作本身的价值。

为什么说“选择比坚持重要”？

先说一个真实案例吧。小刘曾连续报考某个德高望重的导师的博士，坚持五年之久还是没能考取。无奈之下只好换了一位导师，结果一次就考取了。这是我在旁听完她的博士毕业论文答辩会后，在电梯间里听她云淡风轻说起这段往事的。最后她说道：“哎，在一个人的事业成长期，能有几个五年啊？”

我想说的是：选择比坚持更重要。高峰时段坐地铁一座难求，但也不是完全没有机会——问题的关键在于对“站位”的选择。如果你直接就站在车厢的门口了，这就等于直接放弃了拥有座位的机会；而如果你选择穿过拥挤的人群，走到车厢的中段，站在过道里，那么你的左右两侧都是坐着的人。这个时候，只要有人站起来下车，你就有机会拥有那个座位。

其实这个“站位”问题，是在用概率思维来帮你做出正确的选择。在没有座位的门口坚持，显然不如在座位最多的过道坚持。小刘连续五年报考同一位导师，就等于是在没有座位的门口坚持。其实，她完全可以通过同时报考其他学校的其他导师来增加考取概率的，而不是如此悲情地苦苦坚持。

坚持，往往表现为一种惯性和路径依赖，哪怕这种坚持并没给你带来任何好处，也会让内心踏实。因为这样可以很好地展现自己的“毅力”。甚至，你会认为自己很用心也很卖力，执着于梦想，经常会把自己感动。

但事实上，这种坚持只是一种逃避，本质上是害怕改变——你宁可忍受平静的绝望，也不允许自己尝试新的领域或方向。梭罗曾说：“大多数人都生活在平静的绝望中。”是的，因为这些人都在无望地坚持，却不敢做出选择。

选择，不仅需要智慧和技巧，还要有改变的勇气和决心，以及面对可能的失败。我想，正是这一点导致很多人宁可无望地坚持，也不愿意勇敢地做出选择。

另外，我所说的“选择比坚持重要”，并不是说不需要坚持。要知道，任何一个目标的达成，都是坚持不懈、持续努力的结果。我这里所强调的只是选择的重要性，为着一个明确的目标（比如确定博士论文选题），给自己一个明确的期限（比如三个月或半年），然后在期限到来之前尽量尝试多种可能，体会不同的领域和方向，然后在期限到来之时做出选择。一旦做出选择，就要在这个选定的领域中坚持不懈地走下去。

先选择，后坚持。这才是论文写作与投稿，乃至科研工作该有的态度。

对于论文写作与发表而言，写作本身才是最重要的。灵感可遇而不可求，得之我幸，不得我命。不能寄希望于灵感而忽视写作本身的价值，有没有灵感，写作都是一定要去做的事情。

同样，选择比坚持更重要。尽量掌握充分的信息，不断做出新的尝试。在此基础上，做出真正适合自己的选择。而一旦做出选择，就要在这个选定的领域中坚持不懈地走下去。

用输出引领输入，用增量捍卫存量

如果说“写作比灵感重要，选择比坚持重要”是我在如何认识论文写作与发表这件事情上最希望你能心领神会的底层认知，那么，“用输出引领输入，用增量捍卫存量”则是我最期待你能身体力行的实践方式。

先来说说“用输出引领输入”。

现行科研评价体系下，社科专业领域的科研重心在“输出”。原因很简单：那些可以被纳入科研评价体系的各项指标，其实都是在考核“输出”。论文，是输出；专著，是输出；研究报告，是输出；科研项目申请书，是输出；决策咨询报告，是输出；科研成果获奖申报书，是输出；研究计划书、中期检查报告、结项报告书……都是输出。

既然评价的各项指标都关注“输出”，那么你再怎么看重和强调输出都不过分。退一步讲，就算抛开这些评价指标，回归问题的本质，想想看：那些中外学界公认的殿堂级人物，他们是怎样进入殿堂的？马克斯·韦伯是因为输出了《新教伦理与资本主义精神》；埃米尔·涂尔干是因为输出了《社会分工论》，马克思是因为输出了《共产党宣言》《资本论》《剩余价值理论》……那些被奉为“百科全书式”的人物，更是因为他们输出了百科全书式的作品。

因此，无论你具体从事的科研工作差别有多大，规范还是经验、理论还是实证、文献还是田野，最后都殊途同归了，因为都要输出，都要重视输出。对于论文写作与发表而言，把输出提高到什么样的高度都不过分。

通过持续不断的写作，输出一篇又一篇高质量的论文才是正道。

那么问题来了，怎样拥有持续输出的能力呢？

结合个人经历，我觉得输出能力的培养，重点在于写、写、写、写、写。除了天赋极高的 0.1% 的人，绝大多数人的输出能力都是在具体的、实实在在的，一个字、一个字的写作过程中，硬生生培养出来的。别好高骛远，也别幻想有捷径可走，培养输出能力的最好方式就是：选定一个写作目标（比如一篇论文），然后像个智力障碍者一样笨笨地、傻傻地、痴痴地，一直坚持下去。不积跬步，无以至千里。无论多么伟大的梦想，也得踏踏实实、一步一个脚印地走下去，功到自然成。

关于输出，我相信积累的力量。现在，你只需选定一个写作目标，然后给自己设置一个任务底线，比如，每天写作 500 字，然后尽自己所能坚持写下去。每天 500 字，看起来很不起眼，不是吗？但是且慢，时间终会让你在未来大放异彩。如图 8-1 所示，你以为输出能力是线性增长，但其实它是指数级增长。

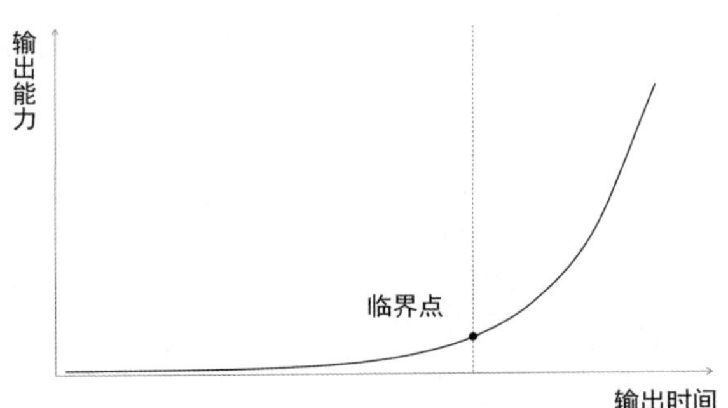

图 8-1　输出能力提升的指数级增长曲线示意图

指数级增长的优点是：一旦过了临界点，未来不可限量。但是它的缺点也很明显：由于它的早期增长是非常缓慢的，以至于 90% 的人在达到临界点之前就放弃了。

这里还要澄清一个认知误区。那种认为自己先集中时间精力输入，等输入达到某个水平再去输出的观点是不靠谱的，至少是效率低下的一种方式。因为真理无穷，知识在爆炸式增长的同时也在不停地迭代，以至于输入的水平是无法量化的。而输出是可以量化的，不管是一篇论文、一本书，还是一份科研项目申请书。因此，最好的办法，就是用持续的输出来引领输入，而不要幻想我先博览群书、学富五车了再来输出。评价指标就那样明晃晃地悬在眼前，它基本没给你留下多少先输入、再输出的机会。再有，也是更重要的：不输出，你就永远不知道自己的输入是否有效。

再来说说“用增量捍卫存量”。

这里所说的“增量”是指一篇论文所具备的独特价值，也就是学术增量；而这里所说的“存量”则是指这篇论文在它所贡献的独特价值外的其他部分。一篇论文只有增量而没有存量，既做不到，也不可能，根本不用去想；一篇论文只有存量而没有增量，理论上来讲，它就没有必要发表。

事实上，缺乏增量的论文一般会面临两种可能性：一个坏点的可能性是它根本就无法被发表，甚至连论文查重关都过不去；一个好点的可能性是它历尽周折终于侥幸发表了，然后就像跌进大海里的一滴泪，或者像高峰时段涌入上海地铁10号线南京东路站的上班族，以及北京“三环停车场”上的一辆夏利车那样，立刻就消失在其中，不见踪影。

缺乏增量的论文不会给读者留下任何印象。事实上，读者根本不需要它。我也觉得你没必要去写这样的论文，以免未来的你去鄙视现在的你。起码在写作的立意上，你一定要去寻找学术增量，并且确保你写的每一篇论文都有一个学术增量的存在。

如果没有增量，存量早晚也会消失殆尽。别忘记在这个世界，每天都有新的理论被提出，新的假设被验证，新的方法和数据被运用。知识更新的速度正在加速，这也意味着已经被发表的论文中的学术增量也在衰减。所以，你只有不断提供更多的学术增量，发表更新的论文，才能捍卫自己在这个研究领域中的位置。这个道理有点类似于罗振宇在跨年演讲里说的那句话："你只有拼命奔跑，才能留在原地。"

如何在论文里体现学术增量呢？

其一，贡献了新资料或新数据。比如，你在论文中使用了新的资料，这个资料其他人没有使用过，起码在你研究的领域内还没有人使用过；再有就是运用了新的数据，你用的数据是官方最新发布的权威数据，是某个公信力非常高的民意调查机构发布的最新统计数据，或者干脆就是你和你的研究团队通过田野调查、实证研究得到的第一手资料和数据。

这样的内容，就可以视为学术增量，这是你的论文和别人论文比较而言的不同之处，也是闪光之处。

其二，贡献了新知识和新理论。你要问自己，这篇论文对学界这个领域已有的研究而言，到底提供了一个什么样的新知识？提供了一个什么样的新的理论增长点，或者一个新的范式、一个新的分析框架？拥有这种级别学术增量的难度可能会比较大，但也不是完全没可能。如果你关注的是一个交叉学科的研究领域，或者是一个方兴未艾的新议题，相关研究成果正处于整体走高的趋势中，那么你贡献新知识和新理论的可能性就比较大。而且一旦有所突破，这篇论文就可以拥有非常好的引用率和转载机会。

其三，贡献了新方法。论文的研究方法和它所研究的内容同样重要。你这篇论文从选题到内容来看可能没有什么新意，但如果是采用了一个新方法来展开研究的话，那这种研究方法的使用，本身就是学术增量。

如果你打算在论文写作与发表领域闯出一片属于自己的天地，那么，用输出引领输入，用增量捍卫存量是最好的实践方式。

一方面，要用输出引领输入。输出的质量代表着你的实力。你输出了什么，这种输出又为你赢得了什么，你就是什么样的人。同时，输出能力的提升是一个持续积累的过程，没有捷径可以走，一旦过了临界点，前途不可限量。

另一方面，要用增量捍卫存量。一篇没有增量的论文是不值得发表的，论文的增量主要体现在贡献了新资料或新数据、贡献了新知识和新理论，以及贡献了新方法。没有增量，存量早晚也会消失殆尽，你也将失去自己在这个研究领域中的位置。

论文写不下去了，该怎么想、怎么办

相信你在论文写作的过程中一定遇到过这个问题：想到了一个超级棒的好选题，“高端大气上档次”的主意，实在太棒了，填补空白了啊！妥妥一篇《中国社会科学》上要发表的论文呀！然后，你就满怀激情，还夹杂着各种可以描述的野心和不可描述的幻想去落笔，去写这篇注定会让你扬名立万的论文。

然后，少则两个小时，多则一个星期，就没有然后了……什么？你只写了不到一个小时就写不下去了？

然后你会发出感慨：为什么这玩意儿写起来这么难呢？

这一节就是要告诉你：在论文写不下去的时候，该怎么想、怎么办。

首先必须承认，绝大多数人，都会遇到论文写不下去的情况。而绝大多数人在遇到这种情况时的想法，可以分成下面这几类。

就事论事型。一部分人会感慨：哎呀，看来这个四象限分析法要比我想象中复杂很多呢，容我缓缓，先捋一捋思路啊。要不，我先去弄杯咖啡喝吧！但喝完咖啡后，这篇论文就更加没有然后了。

自我否定型。一部分人会叹气：哎，这么好的主意，要是到了我师兄的手里肯定是一星期就能搞定的。为啥到我这里就是落不到实处呢？我算看透了，我这个人确实就是没啥天赋的那种人，根本就不配做学问啊……生无可恋，来生再见。

愤青吐槽型。一部分人会吐槽：我的天哪！这要命的科研体制，谁规定的博士毕业就一定要发 C 刊论文呢？我就不信不发表论文我博士无法毕业，我怎么就走上这条万恶的道路了呢，简直不敢想象！

……

怎么样，这些看着眼熟不？正是这些想法，阻挡了你奋进的脚步，扼杀了你的学术成长之梦。而且更关键的是，这种写不下去的挫折感还会干扰你对论文写作工作的认知，影响你对自己论文写作能力的判断。美国现代成人教育之父戴尔·卡耐基曾经说过："转变思维方式，你的人生会减少 85% 的烦恼。"下面我就和你聊聊，在论文写不下去的时候你该怎么想。

首先，学会接受，接受论文就是会写不下去的事实。

论文写作和任何一种写作工作一样，都是艰苦而繁重的创造性脑力劳动。而任何一种创造，都很艰难。你所遭遇的这种情况并不是特例，而是常态。我已经持续写作 20 多年了，也经常会出现写不下去的情况。甚至你现在看到的这本书，我也经常写不下去。

写作就是很艰难的事情，写不下去就是很正常的事情。

其次，计划是永远赶不上变化的，计划，就是用来被打破的。

你要知道，写作计划是永远赶不上写作中遇到的那些变化的，正是那些让你怀疑人生的变化，恰恰为你的写作提供了一个新的出口。别忘记那句话：上帝在关上一扇门的时候，一定会为你打开一扇窗。

你得知道，写作过程是不会按照原计划来进行的，包括论文框架和主要观点，一切都会改变——变化才更接近论文写作的真相，事实上，这也是人生的真相。要提醒自己：虽然我完成的不是计划中的那篇论文，但我会得到一篇更好的论文。

再次，坚信自己会写出一篇论文，哪怕它和预想的不太一样。

预想中论文是要写五个部分的，结果只写了三个部分，那么，就承认你的论文就只有三个部分的事实好了。并且坚信，这个拥有三个部分的论文是最简洁的，最能打动编辑的。不太一样，太不一样，都不等于不好。它比预想的拥有五个部分的论文更好。你虽然没有完成当时预想的那篇论文，但是，你完成了另一篇论文。而你所完成的这篇论文，是更具文献支撑的、更接地气的好文章。

最后，别幻想一鸣惊人，也别奢求字字珠玑，放下苛求，先完成它。

你记住，完成一件事就是最好的结果，是美好的事。先别苛求质量，好论文是改出来的，就算一气呵成完成了论文，也别认为写出来就一劳永逸了。事实上，没有一个千锤百炼的过程，你真的无法抵达那个令人向往的彼岸。

所以，你要先放下苛求，完成初稿。然后假以时日，再慢慢修改打磨论文。修改论文的时候，可以遵循以下两个原则来进行：

其一，让自己满意的原则。如果你写出来的论文自己都觉得没法看，自己都想吐，那就没必要投稿出去恶心编辑。因此，至少你得先过了自己这一关，自己觉得还不错，比较满意了，80 分以上，才有底气去投稿。越是向高级别期刊投稿，就越得让自己满意。

其二，搁置一周的原则。当你完成一篇论文之后，尽量不要趁热打铁就把论文投稿出去，而应耐心等待一周。在这一周的时间里，你不去看也不去想这篇论文，甚至不去查阅和这篇论文相关的任何资料，完全放空自己。然后，一周之后再把这篇论文拿出来审阅——相信这个时候，你可以轻松看出论文中还存在的问题。经过这样一个搁置之后重新阅读和修改的过程，论文质量一般都会有质的飞跃。

所以，完成论文的初稿也只是一个阶段性任务，它远没有你想象中重要。没必要让你的论文一鸣惊人，完成就是胜利，之后再通过修改打磨，继续走向新的胜利。

想，都是问题；做，才有答案。

论文写不下去，是每个论文写作者都会遇到的情况。在论文写不下去的时候，接受论文就是会写不下去的事实，这是常态，而非特例；按照正在发生的变化来不断调整你的论文，坚信每次调整，都更有利于它的完成；别让完美主义倾向蚕食你完成论文的野心，先写出初稿，再慢慢修改打磨。

关于成功，我更相信积累的力量

在这本书的最后，我想谈谈自己理解的成功，以及如何获得成功。

先来说一个我眼中的成功者，我的博士后合作导师的故事吧。

有一年圣诞节，我去北京参加一场学术会议，刚好我的合作导师也过去参会。会议期间，我的一位师兄请导师和其他学者吃饭，就把我也叫上了。于是，我有幸在席间听到了关于导师的逸事，这是我当年博士学位论文答辩委员会的主席讲的：各位，给你们讲个他的传说。你们能相信吗？当年，他的床，是在一摞一摞的书上面铺块木板，然后放上被褥……他随手就能翻书。对，这就是他的床……他每天清晨高声朗读英语一个小时，从没有间断。每当我听到朗读声了，就知道是几点了……

导师温和地笑着说："不是传说，是事实。"

所以毫不奇怪，导师是圈内"土鳖"里英语最好的。后来他去剑桥大学读博士后，通过全球竞聘拿到了美国某著名高校资深讲座教授的职位，一聘就是八年。再后来，导师以教育部长江学者特聘教授的身份华丽转身，回中国工作了。

我想说的是，关于成功，我更相信积累的力量。

我进站去读博士后的那一年九月，返校报到那天刚好是和导师，还有一位师妹坐同一趟航班。办理完值机和行李托运，过了安检，我就和这位师妹在登机口侧边的座位上天南地北地聊天；导师呢，一边喝咖啡，一边从背包里掏出个 Kindle，很专注地看。后来登机了，导师还在看 Kindle；飞行中，导师也在看 Kindle。

然后我终于意识到，导师是在阅读英文文献。

一转眼就过了国庆长假，我从家乡返回学校继续听导师的课。课间休息的时候我和导师聊天，随口问他长假过得怎么样，导师是这样说的：很好啊，这个假期不错，我把那个书稿最艰难的两章内容翻译出来了，这样就没啥压力了，能够按时交稿。

我想我已经明白为什么自己只是个学生，而导师却永远会是导师的原因了：成功者要远比你想象中更努力、更勤奋。

再来说说我的博士生导师对我的影响。回想和导师相处的那三年时间里，导师对我说过最具影响力的一句话是："铺摊子不如深挖洞。"这句话是我第一次和导师见面时他对我说的，那时的我还是个纯粹的科研新手，每天忙着"铺摊子"。

那个阶段的我比较擅长在"学界前沿"捕风捉影，发表了诸多让后来的我感到尴尬的论文：比如课程改革、知识经济、暴力美学、执政能力、高校德育、精神贫困……甚至还有情色电影。那时的我其实也很努力，在这么多的研究领域都有"输出"其实并不容易，但问题的关键在于：我在某一具体研究方向的积累明显不足，无法形成"规模优势"。说白了，我是在铺摊子，没有深挖洞。

被导师点醒之后，我十年如一日地专注于"深挖洞"，陆续发表 40 余篇 CSSCI 期刊论文，出版了两本专著，有一年我申报的三个科研项目竟然都获批立项了，分别是国家社科基金一般项目、中国博士后科学基金特别资助项目和国家民委民族问题研究一般项目。

我当然还没狂妄到认为获批的这些项目就是实至名归，这点自知之明还是有的。运气是一个巨大的变量，我必须承认自己那年运气爆棚。但是在运气之外，我也确信自己已经在能力范围之内拼尽全力了，那些不眠不休的日日夜夜，以及紊乱了一个多月的肠胃功能，都是代价。那时我吃苹果，得切成小块用开水泡过之后才敢吃。而且我确信，这种运气也和我之前持续不断的积累有关——当我的积累跨过了临界点，运气也就接踵而至了。

事实上，实力才是最好的运气。

再之后，我曾用了一年多的时间专门练习“跳槽”，每每以失败告终。一开始我也觉得委屈、不甘心，可仔细想想，这里除了运气和各种利弊权衡外，核心原因在于：我没有真正打动用人单位的标志性成果。如果我有发表在《中国社会科学》上的文章，我承担着国家社科基金重大项目，那么当我提出女儿入学、周转房、爱人工作，以及我以教授身份入职等问题的时候，可能就不再是问题了。

说到底，我的问题在于：虽然深挖洞了，但是，洞还不够深。

再来说一个成功者的“简单诅咒”。

记得在之前的单位工作的时候，经常会有同事过来“敲打”我两句。

“你今年的科研奖励能买辆奥迪了吧？”（当着我媳妇的面发誓，我最多一次拿到的科研奖励是税前 4.8 万元。奥迪？）

“这有个啥了？你花一星期，最多两个星期就写出一篇 C 刊论文，你担心个啥呢？”（我……）

也许在他们的眼里，一切都如此简单，我探囊取物、信手拈来。因为他们看到的事实是：他写了三个月才写出来一篇文章，投稿半年多也没有消息，然后七大姑八大姨地满世界找关系，甚至不惜去找论文中介。然后，以高昂的人情和金钱作为代价，终于在北大核心期刊上发表了一篇文章。

而我呢，确实太棒了，我用了半个月的时间就写出来一篇文章，半年后，文章被发表在了 CSSCI 期刊上。而这个 C 刊是不收版面费的，我还拿到了 400 多元的稿费。

是的，他确实有足够的理由羡慕我，他没拿菜刀砍过来，已经算是仁至义尽了。我要感谢同事的“不杀之恩”，他对我实在太好了，我应该感恩戴德。

但真实的情况是这样吗？一起来复习一下小学五年级的数学题。

他写了 3 个月才写出来一篇论文。但具体情况是：前 6 天，他每天写作两个小时，写了 6000 字之后写不下去了，放下了。然后，两个半个月后他才把这篇未完成的论文拿出来抱怨，哎，怎么还没写完啊，各种吐槽（此处省略 666 个字），我得拼一下……然后，在之后的半个月时间里，他又断断续续写了 8 个小时，总算是完成了这篇 1 万字的论文。

这篇论文，他的真实写作时间是：2 小时 ×6 天＋ 8 小时＝ 20 个小时。

这篇论文，他的单位时间文字产出是：10000 字 ÷20 小时＝ 500 字。

下面再看一下我的论文写作情况。我的确半个月就写出来一篇论文。但在这半个月的时间里，我每天的写作时间超过 6 个小时：一般是在下午 3 点到 6 点，和晚上 10 点到次日 4 点之间——这是我写作效率最高的时段。半个月后，我完成了一篇同样拥有 1 万字的论文。

这篇论文，我的真实写作时间是：6 小时 ×15 天 =90 个小时。

这篇论文，我的单位时间文字产出是：10000 字 ÷90 小时＝ 111 字。

现在，请你来给评评理，他有必要羡慕我吗？事实上，他所投放在写作上的时间要远远少于我；而他单位时间里的文字产出几乎是我的 5 倍。

而且我敢肯定，他的那篇论文，最多是在动笔前一周才开始有了选题的灵感和思路，然后做了一点点极不充分的基础文献检索 + 阅读准备；我甚至早在半年前就有了选题的构想，而在动笔前，我已经做了至少半个月的基础文献检索 + 阅读工作了。

已故 NBA 传奇球星科比・布莱恩特说过一句话："你见过凌晨四点的洛杉矶吗？"请你一定要相信：成功从来不简单，没有人能随随便便成功。除了运气的眷顾之外，成功者是这样一种人：他们的智商和你差不多，也很少有什么天赋。当他意识到这一点之后，经过不断尝试之后认准了一个方向，然后十年如一日地投放自己的时间和精力。还记得前面那张有关输出能力提升的图示吗？持续输出、有增量地输出，越过临界点，成功就会到来。

成功者可能真比你运气好。但是不要忘记，他们也远比你更敢于尝试，更专注，也更勤奋。

成功者的智商和你差不多，也鲜有什么天赋。当他们意识到这一点之后，会去尝试多种可能性，然后锁定一个方向死磕到底。

相信积累的力量，持续输出、输出增量，一旦跨过临界点，成功就会到来。

后 记

一转眼，《发论文、拿项目，其实很简单》已经出版两年多了。两年来，这本书得到越来越多科研小伙伴的认可、称赞和推荐，全网的读者留言数量更是超过 1 万条，好评率达到 99.9%。当我看到自己的书可以为广大科研小伙伴提供价值，助力小伙伴学术成长，感到非常骄傲——毕竟，科研工作这条道路布满荆棘而又充满未知，能让披荆斩棘、探索未知的科研小伙伴看到希望，是一件极具意义和充满关怀的事儿。

正如《发论文、拿项目，其实很简单》的策划编辑史守贝老师所言："你知道吗，你的文章会给人以希望。"是的，如果没有这句话的"怂恿"，也就没有那本书的出版。

现在，还是在史守贝老师的精心策划和不断敦促下，眼下这本书即将付梓。比较而言，如果说《发论文、拿项目，其实很简单》注重呈现社科科研工作的全貌，旨在提供一张理解把握社科科研工作的全景地图，那么这本书则属于"术业有专攻"，聚焦在中文社科论文写作与发表这一核心议题，提供系统解决方案，帮助科研小伙伴实现"发论文"这一赛道上的单点突破。

这本书的特色主要在于：其一，注重实效、即学即用。力图绕开抽象的概念铺陈、原则阐释、关系思辨和学理分析，致力于提供具体的、直接的、可操作的、即学即用的方法和技巧。其二，复杂问题类型化。从"横看成岭侧成峰，远近高低各不同"的论文大千世界中进行规律总结和特征概括，进而提供类型学意义上的认知框架和实操指导，既便于记忆，又方便应用。其三，结构问题案例化。在对论文各组成部分进行结构化拆解的基础上，提供超过20篇公开发表论文的真实文本以及大量例证的分析，把这些论文和例证掰开来、揉碎了、摊开去，细说论文结构化内容写作的桩桩与件件。其四，语言平实、诙谐而又犀利。抛弃此类图书“板着脸训人”的传统说教姿态，采用莫逆之交、掏心挖肺式的“亲昵写作”风格，于嬉笑怒骂之中，尽显真英雄的飒爽英姿。

这本书能够顺利出版，首先要感谢本书的策划编辑史守贝老师。史老师将“怂恿”能力再一次发扬光大，让我心甘情愿放下手头所有工作，专心致志完成这部书稿的写作任务。还要感谢浙江人民出版社编辑团队的耐心打磨。更要感谢我的好领导郭金平教授、好同学韩志斌教授、好伙伴赵颖博士后，以及好兄弟刘继为博士，正是在这四位业界精英的鼎力推荐和大力支持下，才让我获得完成这部书稿的巨大决心。最后，我要感谢我的家人，事实上，没有你们长期以来对我的包容和鼓励，我无法实现个人成长与职业发展领域的任何一点点进步。

最后，让我用公众号“老踏科研联盟”的口号作为这篇后记的结尾吧：学术成长之路，你不是一个人在奋战！